共鳴する心の科学

串崎真志 著

風間書房

プロローグ

『共感する心の科学』という本を、二〇二三年に刊行しました。共感の心理学研究、その不思議なメカニズムを、私なりにお伝えしたつもりです。共感研究は、その後も熱く発展しています。

そこでこのたび、新しい研究をふまえて、続刊を出す運びになりました。この本では、『共鳴する心の科学』と題し、「共感しあう」というテーマを考えていきます。

共感しあえる人は、「気が合う人」「気を遣わないですむ人」です。

別の言葉でいうなら、「以心伝心」「阿吽の呼吸」で、気持ちが通じる相手のことです。そばにいるだけで、不安が和らぎ、心地よい感覚になり、優しさが伝わってくる人。

それは、一緒にいて安心できる人、温かい気持ちになる人、落ち着く人でもあります。

波長が合う、息が合う、馬が合う、反りが合う、などという表現もありますね。英語では、

get along well（うまくいく）、compatible（一致点が多い）、have good chemistry（肌が合う）などと言うようです。

一緒にいて癒される人、元気になる人。

みなさんは、そのような人が身近にいますか？

共感しあえるためには、相手のことをパッと感じ取る必要があります。これは、薄切り判断といわれる現象です（第一部）。また、共感しあえるためには、相手の気持ちを正確に捉える必要があります。これは、共感精度と呼ばれます（第二部）。そして、情動伝染という、気持ちが伝わるメカニズムについての研究もたくさんあります（第三部）。さらに情動伝染は、心理療法やカウンセリングの過程を促す、重要な要因だと考えられています（第四部）。

この本では、心理学のさまざまな実験を紹介していきます。「結論だけを早く知りたい」という意見もあると思いますが、心理学の教科書も兼ねているので、少しだけ我慢しておつきあいいただければ助かります。

同様に、個々の研究に敬意を表して、その研究者の人名を記載しています。また、専門学習の一助になればと思い、脳の部位の名称、質問紙尺度の名称、統計の数値、英語の用語なども記載しました。もちろん、一般の方は、読み飛ばしていただいてかまいません。

それでは共鳴する心の世界へ、どうぞ。

目 次

I

薄切り判断

1 第一印象はあなどれない

今日のカフェは、少し混雑していた。私はいつもの席に座り、本を読んでいた。しばらくすると、二〇代と思しき女性と視線が合った。彼女は「ここ、いいですか？」と、細い声で、少し気まずそうに尋ね、私は「いいですよ」と目で合図した。おそらく就職活動なのだろうか、スーツ姿で、長い髪を後ろに束ね、黒い鞄を手にしていた。表情は心なしか、陰っているように見えた。着席すると、女性はすぐにスマートフォンに目をやり、そしてメニューを手にした。私はふと、「何かつらいことがあったのかな」と感じた。

読者のみなさんは、この女性についてどのような印象をもつでしょうか？　彼女はどんな状況で、どんな気持ちで、あるいはどのような性格の人でしょう？

私たちは、わずかな間の接点においても、ある種の印象をもつことができます。そして、その第一印象は、あながち的外れではないのです。

もちろん謎はまだ多いのですが、この本では、このような共鳴する（共感しあう、気が合う）心の科学を見ていきたいと思います。最初に、「相手のことをパッと感じ取る」という心の働きについて、お話しましょう。

薄切り判断！

私たちには、他者の特性を、少ない情報から即座に捉える能力があるようです。心理学では、これを薄切り判断（thin slice judgments）と呼びます。

私たちは、本当に、相手の性格をパッと把握できるのでしょうか？　まず、その先駆けとなった古典的な研究を紹介しましょう。

研究

インド出身でアメリカの心理学者ナリーニ・アムバディと、教師期待効果で有名なロバート・ローゼンタールによる研究（一九九三年）です[1]。

一三名の短期大学（カレッジ）講師に協力してもらい、約一時間の授業場面を録画しました。それを編集して、教師だけが写っている一〇秒の動画を三九本、作成しました（授業の前半・中盤・後半からそれぞれ一〇秒ずつ抽出×一三名の講師）。動画は無音でした。

次に、別の女子大学生九名が、それらの動画を見て、登場している講師の非言語行動（受容的か、積極的か、気を配っているかなど、一五項目）について、九段階で評定しました。

そして、学期（八回の講義）の終わりに、授業を実際に受けていた学生が、「この授業のクオリティを全体的に評価してください」「この講師のパフォーマンスを全体的に評価してください」という二項目について、五段階で評定しました。

その結果、女子大学生が一〇秒の動画を見て、楽観的で、自信があり、積極的だと評定した講師ほど、受講生による実際の授業評価も高かったのです。

つまり、わずか一〇秒の動画を見て、「この講師はいいな」と感じたら、その人は実際に、受講生からも高評価を受けているわけです。

第一印象、恐るべし。

ここで注意してほしいのは、薄切り判断が完全に当たるわけではないことです。「なんとなくなら、わかるのがふつうじゃない？」と、思った人もいることでしょう。心理学的には、その「なんとなくわかる」ことが不思議です。

ナリーニ・アムバディは、これを皮切りに、薄切り判断に関する多くの研究を行いましたが、残念ながら二〇一三年に亡くなりました。[2][3]

2 性格を推測する

次に、小学生の性格を推測できるかどうか、薄切り判断に挑戦してみましょう。

研究

オランダのテッサ・ランスーらの研究（二〇二〇年）です[1]。

まず、一八名の児童（平均一〇・九歳、以下かっこ内の年齢は平均です）に協力してもらい、同性の二人組で、クラスのパーティを計画している様子を一〇分間録画しました。それを編集して、どちらかの児童の部分だけが写っている動画（二〇秒間）を一八本作成しました。動画は音声有りでした。

次に、別の児童一〇一名（一〇・七歳）、小学校教師七九名（三九・五歳）、青年六八名（二二・一歳）が、それらの動画を見て、登場している児童の社会性（どれくらい好かれているか、人気があるか、友だちを助けるか、友だちとけんかするか、仲間外れにされているか）を、七段階で評定しました。

これとは別に、登場している児童のクラスメイトが、そのクラスで「最も好かれている人」「最も人気のある人」「最も人を助ける人」「けんかの多い人」「仲間外れにされている人」を投票しました。それを元に、登場している児童の社会性得点を算出しました。

その結果、いずれの参加者においても、「人気がある」と「友だちを助ける」の評定値が高い児童ほど、（クラスメイトによる）実際の社会性得点も高くなっていました。相関係数は、児童でそれぞれ.14と.17、小学校教師でそれぞれ.16と.26、青年でそれぞれ.20と.23でした（ちなみに相関係数は、〇～一の数値が大きいほど関係が強いことを示します）。

特に小学校教師は（他の参加者に比べて）、友だちを助けるかどうかを正確に推測していました（相関係数は.26）。興味深いことに、参加者が「友だちとけんかする」「仲間外れにされている」と評定するほど、実際の社会性はそうなっていませんでした（相関係数は、児童でそれぞれ-.11と-.06、小学校教師でそれぞれ-.18と-.11、青年でそれぞれ-.15と-.10）。

つまり、たった二〇秒の動画を見て、「この子は人を助ける優しいところがありそうだ」と感じたら、その子は実際に、クラスのみんなからそう思われているということです。ただし、相関係数の値は小さいので、精度が高いわけではなさそうです。

そして、けんかや仲間外れにされるといったネガティブな特性の推測については、むしろ不正確でした。これは相関係数の値が小さすぎるので、関連しないと解釈したほうがよさそうです。

就学前の子どもの性格を推測する

続いて、就学前の子どもの性格を推測する実験も見てみましょう。

研究

アメリカのダイアナ・ウェイレンの研究（二〇二〇年）です。[2]

まず、二九九名の就学前の子ども（五・三歳）に実験室に来てもらい、八つの場面における行動を録画しました。例えば、「から箱」という場面では、子どもに贈り物の箱を渡し、開けてみると空だったとき、子どもがどう反応するかを録画しました。それを編集して、六〇秒の動画をたくさん作成しました。

次に、二七名の大学生が、それらの動画を見て、登場している子どもの性格を、五段階で評定しました。これは、外向性・神経症傾向・統制性・協調性・開放性という五つの特性で、心理学でビッグファイブと呼ばれます。例えば、「話好き」「主張的」「活動的」「興奮を求める」「楽しいことが好き」といった性格は、心理学で外向性と呼ばれています。

また、これとは別に、質問紙（Children's Behavior Questionnaire）を使って、親が子どもの性格を評定しました。

その結果、五つの特性いずれについても、大学生の評定値と親の評定値は、正の相関をもっていました。特に、外向性と開放性については、うまく予測できていました（相関係数はそれぞれ.22と.20）。

…………………………………………………………………………

つまり、六〇秒の動画を見て、「この子は外向的だな」と感じたら、親も日常生活で「刺激の強い遊びを好む子だ」（high intensity pleasure）と思っているのです。

大人の性格を推測する

それでは、大人同士の場合は、どうでしょうか？　次の実験では、動画を見るのではなく、実際に対面して推測しました。

研究

アメリカのジル・ブラウンらの研究（二〇一七年）です。[3]

一七六名の大学生（一八〜五四歳）が、「心理測定」の授業（五〇分授業を週四回×一〇週間）に参加しました。初回の授業では、六人グループになり、他の五人の性格（**Ten-Item Personality Inventory**）を、ただ向き合うだけで（**turned to face one another**）評定しました。

そのあと、二人組になり、五分ずつ自由に会話し、同様に相手の性格を評定しました。これを他の五人について行いました（**round-robin ratings**）。授業の内容は、お互いに相互作用しながら、理解を深め合う活動でした。そして最終回（第一〇週）の授業後（三六時間の活動後）にも、同様に評定しました。

自分自身の性格については、二四〇項目の質問紙（NEO PI-R）に回答しました。そして、他者による性格評定と本人自身による性格評定の相関係数を、薄切り判断の精度（accuracy）としました。

その結果、初回でただ向き合って行った評定値は、（本人による）実際の外向性、開放性、統制性を予測していました（回帰係数はそれぞれ.17、.12、.08）。また、初回で五分間会話したあとの評定値は、実際のビッグファイブ性格すべてを予測していました。

もちろん、最終回（第一〇週）の授業後における予測精度は、さらに高くなっていました。しかし、初回のただ向き合う段階から五分間会話したあとの予測精度の向上に比べると、それほどではありませんでした。

このように、性格の薄切り判断はある程度、可能です。また、それは、五分間である程度達成されるようです。

どのような性格を推測しやすいか

紹介したように、薄切り判断の時間は、一〇秒、二〇秒、六〇秒、五分とさまざまですが、もっと短い時間でも可能なようです。また、性格のなかでも、予測精度の良い性格と、そうでもない性格があることも、わかってきました。

・ダナ・カーニーら（二〇〇七年）は、見知らぬ大学生が会話している動画を、大学生に見せて、写っている人のビッグファイブ性格などを推測してもらいました。[4]動画の長さは、五秒、二〇秒、四五秒、六〇秒とさまざまでした。その結果、精度は五秒間見るだけでも、高くなっていました（相関係数は、外向性・統制性・神経症傾向・開放性・協調性の順に、.22、.21、.14、.10、.04）。

・アンドリュー・ビア（二〇一四年）は、見知らぬ大学生の写真（上半身、無表情）を三名並べて、「心理学入門」を履修している大学生に見せ、「このなかの誰が最も統制性が高いか？」といった三択問題（偶然正解率＝三三パーセント）を解いてもらいました。[5] その結果、正解率は、外向性・開放性・統制性・協調性・神経症傾向の順に高くなっていました（正解率はそれぞれ.50、.48、.45、.38、.36）。

・ジェニファー・タケットら（二〇一六年）は、子ども（九・九歳）がさまざまな認知課題（GO・NOGO課題など）を受けている数分間の動画を、大学生に見てもらいました。[6] その結果、登場している子どものビッグファイブ性格を推測してもらい、両親による評定との相関は、開放性・統制性・外向性・神経症傾向・協調性の順に高くなっていました（相関係数はそれぞれ.40、.39、.30、.26、.23）。

以上のことから、わずか五秒でも、薄切り判断が可能です。これはかつて、ナリーニ・アムバディも示唆していました。[7] また、外向性など、行動として現れやすい性格の精度が良いと考えられます。

3　能力を推測する

ここからは、スポーツの能力を推測する研究を見てみましょう。

研究

ドイツのスポーツ心理学者のフィリップ・ファーリーらの研究（二〇二〇年）です[1]。

ダーツの経験が年間六時間しかない大人五〇名（二七・一歳）が、ダーツ世界選手権の動画（競技前の選手の表情をアップにした三・九秒の動画）を四〇本見て、それぞれの選手の成績（三回投げたスコア）を、〇～一八〇（九〇が真ん中）点で推測しました。

選手の表情は明らかなシグナルのないものばかりなので、参加者は直感で判断するしかありません。

その結果、参加者が高い点数を付けた選手ほど、実際の成績も良かったのです。経験が少なくても判断できるのが、すごいですね。

次は、スポーツ選手が置かれている試合状況を推測する研究です。

研究

同じくフィリップ・ファーリーらの研究（二〇一六年）です[2]。

バスケットボール経験のない大学生四〇名（二四・五歳）が、NBAやドイツ・リーグの映像（選手の表情をアップにした三・九秒の動画）を一〇〇本見て、それぞれの選手が、「どれくらい堂々としているか」（dominant）、「誇りがあるか」（proud）、「自信をもっているか」（confident）を、一一段階で評定しました。

動画は、リードしているか・されているかによって、五つの状況（high lead, close lead, draw, close behind, far behind）に分類されていました。

その結果、参加者が「堂々」「誇り」「自信」を高く評定した選手ほど、実際の試合状況も優勢だったのです。

さらに、フィリップ・ファーリーらは、薄切り判断しているときの脳の事象関連電位（event-related brain potentials, ERPs）を測定しました[3]。その結果、リードしている写真を見ているときに、右の頭頂葉の後期陽性電位（late positive complex, LPC）が増幅することを報告しています。後期陽性電位は、感情の処理を反映するといわれています。

その他の能力についての薄切り判断

その他の能力についても、見てみましょう。最初に、教師の授業能力を推測する研究です。

研究

ドイツのルーカス・ベークリヒらの研究（二〇二〇年）です[4]。

まず、小学校教師（四二・八歳、教師経験一六・四年）が「物の浮き沈み」（floating and sinking）を授業している様子を、一二三クラスで撮影しました。それを編集して、教師だけが写っている三〇秒の動画を作成しました。

次に、大学生九名（二三・七歳）、中学生（八年生）一二三名、大学に所属する数学・心理学・教育科学・物理学の専門家九名（三九・二歳）が、それらの動画を見て、登場している教師の教授能力を、六段階で評定しました。例えば「その教師は生徒たちが教材に積極的に取り組むように上手に刺激しているか」（認知的活性化）、「その教師はすべての生徒が学習過程に関与できるように管理しているか」（学級管理）といった項目です。

その結果、いずれの参加者においても、教授能力を高く評定した教師ほど、担当クラスの「物の浮き沈み」の実際の成績が高くなっていました。

次は、自閉症の言語能力を推測する研究です。

研究

アメリカのキャサリン・ウォルトンらの研究（二〇一六年）です。[5]

まず、二二名の自閉症児（三七・七ヶ月）がセラピストと相互作用している様子を撮影しました。それを編集して、二分間の動画を作成しました。

次に、二五五名の大学生が、それらの動画を見て、子どものコミュニケーション（「子どもは大人に関心を示している」など五項目）を、五段階で評定しました。

また、追跡調査として六ヶ月後に、自閉症児らは、さまざまな検査を受けました。

その結果、大学生がコミュニケーションを高く評定した子どもほど、六ヶ月後の言語能力（MacArthur-Bates Communicative Development Inventory）の変化も大きくなっていました。

次の研究は、参加者の脳の活動が、登場人物の収入を予測するというものです。

研究

カナダのニコラス・ルールら（二〇一一年）の研究です[6]。

彼らは、一六名の大学生（二〇・〇歳）に、最高経営責任者（ＣＥＯ）の顔写真（Fortune 誌がランキングした全米企業上位一〇〇〇位の企業から上位二五人、下位二五人）を二秒ずつ見て、「その顔が対称（symmetrical）かどうか」を判断してもらい、そのときの脳活動をｆＭＲＩで測定しました。

そのあと写真を再度見て、「この人物はどれくらい上手に会社をリードしていると思うか」を、七段階で推測しました。

その結果、参加者の左の扁桃体（amygdala）の活動が高いほど、リーダーシップが高いと推測し、それを媒介して、会社の実際の利益（company profits）を予測していました。

脳の活動が、ターゲットの特性を捉えている点が興味深いですね。見ている人が、意識的に判断できなくても良いわけです。

さまざまな薄切り判断！

薄切り判断は、この他にも、さまざまな推測の精度を検証しています。

・中尾達馬氏の実験（二〇一〇年）では、同性の友人同士で五分間会話し、相手の愛着スタイル（親密な対人関係体験尺度 ECR-GO）について評定してもらいました。[7] その結果、他者評定は本人による自己評定と相関しました。

・アリソン・サヴルら（二〇一四年）は、六四名の大人（一八〜三四歳）に、大人同士がレゴ（Lego）で遊んでいる六秒の動画あるいは〇・八秒のスライド四枚を見てもらい、「親友といる状況」か「知らない人といる状況」かを判断してもらいました。[8] その結果、スライド条件のほうが高い成績でした。スライドのほうが微表情

(micro-expressions) を読み取りやすいからだと考えられます。

・ベンジャミン・バラスら（二〇一二年）は、三〜五歳児一五名、六〜八歳児一七名、九〜一二歳児一七名、そして一八〜四二歳の大人一六名に、子どもがレゴ（Lego）で遊んでいる六秒の動画を見てもらい、「一人でいる状況」か「親といる状況」かを判断してもらいました。[9] その結果、大人と同じように正解するのは、九〜一二歳でした。このことは、薄切り判断が脳の成熟と関連することを示唆しています。

4　将来を予測する

薄切り判断は、夫婦の会話から二〇年後の健康状態を予測することも可能です。

研究

アメリカのクローディア・ハーゼラ（二〇一六年）の研究です[1]。

一九八九年にサンフランシスコ・ベイエリアに住んでいた一五六組の夫婦に実験室に来てもらい、夫婦が揉めごとについて会話している（conflict conversation）場面を録画し、どのような感情体験をしているかを評定してもらいました。

その後、六年ごとに追跡調査をして（T1, T2, T3, T4）いろんな指標を測定しました。もちろん、離婚・死別の場合は追跡できません。二〇年間追跡調査して、最終的に五九名のデータを得ました。

健康状態の指標（Cornell Medical Index）として、心臓血管系症状（cardiovascular symptoms）と筋肉骨格系症状（musculoskeletal symptoms）を分析しました。時系列調査なので、潜在成長曲線モデル（latent growth curve modeling）という方法を使いました。

結果は、二〇年前に夫婦喧嘩で怒っていた夫は、二〇年後に心臓を悪くし、二〇年前に防衛的だった（stonewalling）夫は筋肉の痛みや衰えを感じていました。もちろん、年齢その他の要因を統制して（その影響を除いて）計算した結果です。

元の論文の図を見ると、特に一五年目ぐらいで差がついてくるようです。毎日の喧嘩ごしの会話が、夫の身体をじわじわとむしばんでいくという結果は、自業自得とはいえ、恐ろしいですね。

コラム

さまざまな未来予測！

薄切り判断は、この他にも、さまざまな未来を予測することも可能です。

・ロバート・ウォルディンガーら（二〇〇四年）は、大学生に、夫婦がお互いに同意できない点について話し合っている（conflict discussion）様子を三〇秒見てもらい、その夫婦の経験しているネガティブ感情の程度を評定してもらいました。[2] その結果、それは約五年後の夫婦関係の継続または離婚に関連していました。

・アシュリー・メイソンら（二〇一〇年）は、一〇五名の大人（四〇・四歳）に、離婚した人の語りを三〇秒聴いてもらい（映像無し、音声のみ）、「この人は離婚をどの程度うまく対処しているだろうか」を推測してもらいました。[3] その結果、それは三ヶ月後の心理的適応度（Impact of Event Scale-Revised, IES-R）を予測していました。

・マイケル・スペジオら（二〇〇八年）は、二二名の大人（二〇〜三五歳）に、二人の選挙候補者を三〇ミリ秒ずつ見て、「どちらが脅威的か」など（threatening, attractive, deceitful, competent）を回答してもらい、そのときの脳活動をfMRIで測定しました。[4] その結果、落選候補者を見ているときに、島皮質（insula）

が活性化していました。

・ナリーニ・アムバディら（二〇〇二年）は、一二名の大学生に、高齢者が理学療法を受けている場面を二〇秒見てもらい、理学療法士がどの程度「受容的か」「気を配っているか」「楽観的か」などを、九段階で評定してもらいました。[5] その結果、大学生が「よそよそしい」(distancing)、「子ども扱いしている」(infantilizing)と評価した理学療法士ほど、担当する高齢者の退院時の回復、退院から三ヶ月後の回復が低くなっていました。

5 薄切り判断を高める要因

それでは、どのような人が薄切り判断を上手にできるのでしょうか？

研究

アメリカのヴァネッサ・カストロらの研究（二〇一九年）です。[1]
大学生（二〇・四歳）五一名、中年の成人（五四・二歳）四九名、高齢者（六九・四歳）五一名が、さまざまな対人精度課題（interpersonal accuracy tasks）に挑戦しました。例えば、性格判断の課題は、三〇秒の動画を見て、登場人物の性格を評定しました。

そして、その評定値と登場人物自身による性格評定の相関係数を、薄切り判断の精度（accuracy）としました。さらに、参加者はさまざまな認知能力（cognitive abilities）を測る課題も行いました。

その結果、例えば、外向性の性格の精度に関連したのは、参加者の認知課題のうち記号置換問題（symbol substitution）でした（相関係数.29）。しかも、記号置換問題の成績の良い大学生群が（中年や高齢者に比べて）、精度がよかったのです。

興味深いことに、参加者の外向性と精度は無相関でした。

また、静止情動知覚（posed emotion perception）課題は、一秒〜三秒の表情を見て、一四の情動リストから正解を選ぶ課題でした。その精度に関連したのも、参加者の記号置換問題や数唱（digit span）でした（相関係数はそれぞれ.37と.39）。

興味深いことに、参加者の神経症傾向が高いほど、精度がよくなっていました（相関係数.28）。

他者を察する能力は、認知能力の一つでもあるのです。意外かもしれませんが、若い人のほうが精度がよいのです。共感精度については、第二部で詳しく見ていきます。

研究

ドイツのギゼム・ヒリルらの研究（二〇一六年）も見ておきましょう[2]。

八六組の高齢者の夫婦（七五・〇歳）を一週間追跡調査し、一日五回、自分の幸福感と、「今この瞬間、パートナーはどれくらい幸せか」を、〇～一〇〇のスケールで推測しました。

また、流動的認知能力（fluid cognitive performance）の指標として、記号符号問題（Digit Symbol test）を実施しました。

その結果、男性においては、記号符号問題の成績の良いほど、妻の幸福感を正確に推測できていました。

共感性は関連するか？

薄切り判断の精度は、認知能力の一つであることがわかりました。そもそも、共感性の高さは関連するのでしょうか。

研究

アメリカのジュディス・ホールらの研究（二〇一六年）です[3]。

一一八名の成人（三一・九歳）が、文章を読んで書き手のビッグファイブ性格を判断するという課題に取り組みました。例えば、次のような文章です。

「私はクロスカントリーが大好きです。高校ではクロスカントリーと陸上競技をしていましたが、クロスカントリーは私の情熱の源です。ランナーズハイになって、自然環境の中にあるトラックで長い距離を走るのが大好きです。ロングランを完走した時の感動は格別です。私は空っぽですが、同時に満たされています」。

この文章の書き手は、不安の低い人でしょうか？　高い人でしょうか（正解は不安の低い人）。

参加者は続けて、自分自身の共感性（対人反応性指標 Interpersonal Reactivity Index）についても回答しました。これは、次のような項目を含んでいました（対人反応性指標は、このあと、ときどき登場するので覚えておいてください）。

・空想尺度（fantasy scale）「自分に起こるかもしれないことを定期的に夢想したり空想したりしている」
・視点取得（perspective taking）「私は決定を下す前に、意見の相違のすべての側面を見るようにしている」
・共感的関心（empathic concern）「私は自分より恵まれていない人びとに対して、優しく、思いやりの感情をときどきもつ」
・個人的苦痛（personal distress）「緊急時の状況では、私は不安で落ち着かない感情になる」

その結果、空想尺度、視点取得、共感的関心が高いほど、正解率は高くなっていました（相関係数はそれぞれ.21、.18、.21）。

薄切り判断の脳

最後に、脳の研究を紹介しておきたいと思います。

研究

山口亮祐氏らの研究（二〇一八年）です。[4]

一六名の女性（二九・二歳）が参加しました。快感情を表す顔写真（International Affective Picture System）を二〇枚、画面上に三秒ずつ呈示し、「何も考えずに写真の人物の顔を見る」あるいは「その人物がどのような感情を抱いているか考える」ように教示しました。そのときの脳活動を、ｆＭＲＩで測定しました。

その結果、「何も考えずに見る」条件では（感情を考える条件に比べて）、両側の下頭頂小葉（inferior parietal lobule）が賦活していました。「感情を考える」条件では（何も考えずに見る条件に比べて）、左の上前頭回（superior frontal gyrus）、中前頭回（middle frontal gyrus）、下前頭回（inferior frontal gyrus）が賦活していました。

三つの前頭回を合わせて、前頭葉といいます。特に中前頭回はその背外側部で、下前頭回はミラーニューロン（mirror neuron）システムの一部です。

研究

韓国の Kang Pyungwon らの研究（二〇一三年）です。[5]

二二名の大学生（二二・五歳）が、嗜好推測検査（preference estimation test）に挑戦しました。これは、女性の顔写真と映画または食べ物が、画面に三秒ずつ提示されるので、その女性の嗜好（それをどの程度好むか）を〇・五秒で、四段階で推測していくという課題でした（女性九名×五つの映画・五つの食べ物＝九〇試行）。女性の表情は明らかなシグナルのない中立的なものばかりなので、参加者は、まさに直感で判断するしかありません。

これとは別に、その女性本人が、それらの嗜好を評定しました。参加者の推測を二段階に直して、女性本人の回答と照らし合わせて、正解率（estimation accuracy）を算出しました（偶然正解率＝五〇パーセント）。

その結果、正解率が高いほど、前頭前皮質の背内側部（ＤＭＰＦＣ）、後帯状皮質（ＰＣＣ）、右の側頭頭頂接合部（ＴＰＪ）が活動していました。

ちなみに、これは、第二部で説明する共感精度を測定している研究とも言えます。前頭前皮質の内側部（ＭＰＦＣ）、後帯状皮質（ＰＣＣ）、側頭頭頂接合部（ＴＰＪ）は、第二部で説明するように、認知的共感の脳と呼ばれています。

アメリカの Shaoming Wang ら（二〇二〇年）のメタ分析によると、これらの部位は、メンタライジング、気づき（awareness）、意思決定（decision making）、記憶等に関連するようです。[6]

また、韓国のPark Jonghyeokらの研究（二〇一八年）によると、自分の嗜好を評定しているときの右の側頭頭頂部（right temporoparietal）の活動が（他者の嗜好を推測しているときの活動に比べて）高いほど、正解率が低くなっていました。[7]

次は、前頭前皮質の腹内側部が、他者に対する印象評定にかかわっているという研究です。

研究

伊藤文人氏らの研究（二〇二〇年）です。[8]

四三名の大学生（二〇・三歳）が参加しました。最初に、異性の顔写真を二秒ずつ見て、「その人物はどれくらい魅力的か」「その人物からどれくらい好かれると思うか」を七段階で評定しました。そのときの脳活動をｆＭＲＩで測定しました。

参加者は後日、実験室に再集合して、スピードデート企画（speed-dating event）に参加しました。その会場には先日、写真を評定した異性も来ていました。ちょっとドキドキしますね。

そして、異性と三分間ずつ自由に会話して、「いま会話した人物はどれくらい魅力的か」「いま会話した人物からどれくらい好かれていると思うか」を、七段階で評定しました。

その結果、顔写真を見て「その人物からどれくらい好かれると思うか」の評定は、会話後の相手から自分に対する実際の魅力度評定と、相関しませんでした。薄切り判断は、うまく予想できなかったようです。

しかし、会話直後に「いま会話した人物からどれくらい好かれていると思うか」の評定は、相手から自分に対する実際の魅力度評定と、相関していました。

さらに、ｆＭＲＩ測定において、「その人物からどれくらい好かれると思うか」の評定が高いほど、前頭前皮質の腹内側部（ＶＭＰＦＣ）が活動していました。また、腹内側部は「その人物はどれくらい魅力的か」の評定にもかかわっていました。

6 薄切り判断を低める要因

他者を察する能力は、ストレスがかかると低下するようです。

研究

アメリカのアレクサンダー・クレンショウらの研究（二〇一九年）です。[1]

実験の参加者は四八組のカップル（平均交際期間三九・四ヶ月）でした。まず、実験室に来てもらい、お互いに同意できない点について話し合っている（conflict discussion）様子を一〇分間、録画しました。次に、参加者はその一〇分の録画を見て、自分の思考・感情を一分ごとに書き出しました。

さらに、参加者は模擬面接と暗算課題（speeded mental arithmetic）を受けるように言われます（ストレス条件）。そのあとで、一〇分の録画を再度見て、パートナーの思考・感情を想像して記録しました。
　これとは別に、六名の研究者がそれを検討して、その共感がどれくらい正確かを三段階で評定し、合議して得点を決めました。その得点率を共感精度（empathic accuracy）の数値にしました。
　その結果、女性はストレスがかかると（「自然の写真を評定する」という統制条件に比べて）、パートナーに対する共感精度が低くなることがわかりました。男性にそのような差は見られませんでした。

次の研究は、不安が昂じると、直感が低下するというものです。

研究

　ドイツのカリーナ・レメスの研究（二〇一八年）を見てみましょう。[2]
　一一一名の大学生（二三・六歳）が、意味関連判断課題（semantic coherence task）に取り組みました。これは、三つの単語（例、salt, deep, foam）が画面に一・五秒呈示されるので、この三つに関連する別の単語が存在するか否かを（coherent or incoherent）、二秒間で判断するという課題でした（ちなみに、この三つにはseaという関連語があります。

例えば、dream, ball, book という三つの単語には、関連語はありません）。ヒット（関連ありを関連あると正解する）率からフォールスアラーム（関連なしを関連あると誤答する）率を引いた差を、直感的判断の指標としました。

参加者は、課題の前に、不安・ポジティブ・中立いずれかの気分の操作を受けました。例えば、不安の気分操作は、不安を喚起する文章（私たちは、いかなる公共の場においても、もはや安全を感じることはできない。冷酷な人びとがあちこちにいる）を六秒間読んだあと、国際感情写真集（International Affective Picture System）から、一群の男性たちが、自動車の運転手を乱暴に威圧している写真を六秒間、見ました。

その結果、不安の気分操作を受けた群は（ポジティブあるいは中立な気分操作の群に比べて）、直感的判断が低くなることがわかりました。

直感を働かせるためには、不安を低くしておくことが重要なのでしょう。

自信が低いとき、悲しい気分のとき

自信や気分も、薄切り判断に影響するようです。

・ダニエル・エイムズら（二〇一〇年）の研究では、女子大学生が、就職模擬面接（mock job interviews）の動画を六〇秒見て、登場人物のビッグファイブ性格を推測しました。[3] その結果、回答に対する自信（confidence）が極端に低いときに、正解率も下がることがわかりました。

・ナリーニ・アムバディらの研究（二〇〇二年）によると、[4] 映画「チャンプ」（The *Champ*）の悲しい場面を一〇分間観た群は（ロビン・ウィリアムズのコメディを観る群、自然のドキュメンタリーを観る群に比べて）、短期大学（カレッジ）の講師が授業する動画を一〇秒見て評定したときに、その精度（受講生による授業評価との相関係数）が弱いことがわかりました（相関係数はそれぞれ.20、.39、.41）。悲しい気分になると、意識的に考えすぎてしまうので、よくないようです。

II

共感精度

7 共感精度の脳

ケンと座っていると、心の中に突然ひらめいた。孤独な少年が、両親の喧嘩から避難するために、空想科学小説に逃げ込んでいる姿が見えたのだ。このイメージはクリアで、適切だと感じられた。それによって、私のハートは彼とすばやく結びつくことができた。（中略）私は「どんな本を読むのが好きなの？」と尋ねた。即座にケンは表情を輝かせ、「ロバート・ハインラインの小説が大好きだ」と言った。[1]

これは、アメリカの精神科医ジュディス・オルロフが、ケンという、頭痛とストレスを抱えた四〇歳の患者との出会いを書いた文章です。

私たちは、気持ちが合うと、相手の「何か」を直感的に察することもあるようです。不思議ですね。

もちろん、このようなひらめきが、いつも正確とはかぎりません。しかし、鋭い勘がときどき働くことも事実です。

例えば、薄切り判断で、目の前の人について、「何かつらいことがあったのかな」と、ふと感じたとしましょう。それが本当に「当たっているか」どうかを、どうやって確かめたらよいでしょうか。

そう、その人に聞いてみるのが良いですね！

心理学では、相手の情動を正確に捉えることを、共感精度（empathic accuracy）といいます。最初に、その研究の先駆けとなった実験を詳しく見てみましょう。

研究

アメリカのジャミル・ザキらの研究（二〇〇九年）です。[2]

共感精度の実験では、まず動画を作成するところから始めます。一一名の男女（二五・四歳）に実験室に来てもらい、人生でもっともポジティブな出来事（婚約者にプロポーズしたことなど）と、もっともネガティブな出来事（親の死、失業したことなど）を四つずつ思い出して、それぞれ平均二分程度で語ってもらい、録画しました。

その直後に、動画を再生しながら、本人が自分の感情の不快・快（affective valence）を連続的に（continuously）、九段階（「とてもネガティブ」から「とてもポジティブ」）で評定しました。「連続的に」というのは、画面上のスライダーを、左右の矢印キーで動かすことで、それが時系列（曲線）で記録されるようにできていました。こうして八八本の動画から、ある種の基準にマッチした一八本の動画を選んで、刺激材料にしました。

さて、ここからが実験です。別の二一名の参加者（一九・一歳）に来てもらい、動画を見てもらいました。参加者の課題は、それを見ながら登場人物（ターゲット）の気持ちを推測して、連続的に九段階（「とてもネガティブ」から「とてもポジティブ」）で評定するというものでした。

ここで、参加者の評定とターゲット本人の評定との一致度を、（この研究では二秒ごとの平均を使って）相関係数（time-course correlations）で表すことができます。これを共感精度の指標にしました。

このように、共感精度の実験では、動画の登場人物の気持ちを推測してもらい、それが本人の感情評定とどの程度一致するかを、計算します。

研究

ジャミル・ザキらの研究（二〇〇九年）の続きです[2]。

じつは、この研究では、参加者が評定しているときの脳活動をｆＭＲＩで測定しました。その結果、脳の部位として、上側頭溝（ＳＴＳ）、前頭前皮質の内側部（ＭＰＦＣ）、右の下頭頂小葉（ＩＰＬ）などの活動が高いほど、共感精度が高いことが確認されました。

これらは、相手の内的な情動的な状態（another's internal emotional state）を推測するときに活動する部位です。

いきなり脳の話で戸惑ったかもしれませんが、現代の心理学は脳の研究と不可分です。脳の話に、もう少しだけ触れておきましょう。

二つの共感

ところで、共感には二種類あることが知られています。気持ちが自然に伝わる「情動的共感」（emotional empathy）と、相手の立場や主張をきちんと想像して理解する「認知的共感」（cognitive empathy）の二つです。情動的共感の基礎になっているのは、情動伝染というメカニズムで、認知的共感には、視点取得、心の理論、メンタライジングなどが含まれます。

脳の部位についても、大まかに言うなら、情動的共感は「感じる脳」、認知的共感は「考える脳」を使っていると考えられます。ただし、現在の脳科学は、それぞれの役割分担をそれほど固定的に考えないことも確かです。

例えば、情動的共感の脳としては、下前頭回（ＩＦＧ）や島皮質（insula）などがあります。認知的共感の脳としては、気づきとふりかえり（awareness and reflective thinking）にかかわる側頭頭頂接合部（ＴＰＪ）、自己制御（self-control）にかかわる前頭前皮質（ＰＦＣ）などがあります。[3]

はたして、共感精度は、どのような種類の共感なのでしょうか。

研究　イギリスのヌリア・マッケスら（二〇一八年）の研究です[4]。三四名の大人（二四・〇歳）が、共感精度課題をしているときの脳活動を、ｆＭＲＩで測定しました。その結果、共感精度が高いほど、両側の上側頭溝（ＳＴＳ）、側頭頭頂接合部（ＴＰＪ）、そして側頭極（temporal pole）が活動していました。これらは認知的共感の部位です。

一方、情動的共感の部位である右の島皮質の前部（ＡＩ）、下前頭回（ＩＦＧ）は相関しませんでした。著者らは、共感精度は、（情動的共感や情動共有よりも）認知的共感やメンタライジングの概念に近いだろうと、結論しています。

次は、右脳（right brain）が共感精度に関わるという研究です。

研究　イタリアのリカルド・カラパムポらの研究（二〇一八年）です[5]。五六名の大人（二三・七歳）が実験に参加しました。

反復経頭蓋磁気刺激（repetitive transcranial magnetic stimulation: rTMS）で、右の上側頭溝（STS）、下前頭回（IFG）、側頭頭頂接合部（TPJ）を低下させたのち、共感精度課題に挑戦しました。これは、二秒間の動画を見て、登場人物の情動の強度を九段階で評定するものでした。

その結果、共感精度の指標（inverse efficiency score calculated by dividing the mean RT by the proportion of correct responses）が下がったのです。

次は、子どもを対象にした共感精度の研究です。こちらも、認知的共感の脳活動が高くなっていました。

研究

アメリカのタミ・クラールらの研究（二〇一七年）です。[6]

参加者は一五五名の子ども（一二・八歳）でした。登場人物（一八〜二一歳）が、情動的な出来事（祖父母の死、あるいはスポーツの競争に勝利したこと）について話している動画（九〇秒程度）を見ながら、登場人物の情動の程度を推測して、九段階で評定（「とてもネガティブ」から「とてもポジティブ」）で評定しました。

その結果、共感精度が高いほど、前頭前皮質の内側部（ＭＰＦＣ）、側頭頭頂接合部（ＴＰＪ）、上側頭溝（ＳＴＳ）が活動していました。

一方、下頭頂小葉（ＩＰＬ）、前帯状皮質（ＡＣＣ）、島皮質の前部（ＡＩ）の活動は、むしろ共感精度を低くしていました。著者らは、共感精度は、（情動共有よりも）視点取得のプロセスだろうと、考察しています。

一方、オランダのマティアス・シュルツら（二〇二〇年）は、一八八本の社会的認知のｆＭＲＩ研究をメタ分析して、共感精度の課題は、認知的共感（ＭＰＦＣ、ＳＴＳ）と情動的共感（ＩＰＬ、運動前野 premotor cortex）の両方に重なる課題であるといいます[7]。

難波修史氏らも、それは課題によって異なるだろうと述べています[8]。私も、どちらかというと、両方にかかわると考えています。

8 まなざしから心を読むテスト

次の研究は、共感精度ではなく、「まなざしから心を読むテスト」（Reading the Mind in the Eyes Test）を従属変数にしています。

まなざしから心を読むテストは、開発された当初、認知的共感（心の理論）を測定するとされてきました。しかし現在では、マティアス・シュルツら（二〇二〇年）によると、むしろ情動的共感に分類されるようになっています。[1]

研究

アメリカのジェニファー・マスカロら（二〇一三年）の研究です。[2]

研究では、二九名の参加者（三一・〇歳）を無作為に二群に分けて、八週間の「コンパッション訓練」（cognitive-based compassion training, CBCT）、あるいは「健康教育について議論するクラス」に取り組んでもらいました。また、実施の前後に、脳の活動をｆＭＲＩで測定しました。

さらに参加者は、実施の前後に、「まなざしから心を読むテスト」(Reading the Mind in the Eyes Test)（三六問）に挑戦しました。これは、目の部分だけの写真を見て、適切な情動を四択（terrified, upset, arrogant, or annoyed など）で選ぶもので、けっこう難しいテストです。

その結果、実施後のコンパッション訓練群は（統制群に比べて）、まなざしから心を読むテストの成績が良いことがわかりました（実施前は有意差なしでした）。

また、全員分のデータによると、左の下前頭回（ＩＦＧ）、左の上側頭溝の後部（ｐＳＴＳ）、前頭前皮質の背内側部（ｄｍＰＦＣ）の活動が高いほど、まなざしから心を読むテストの成績が良かったのです。

下前頭回（ＩＦＧ）は情動的共感、上側頭溝（ＳＴＳ）と前頭前皮質の内側部（ＭＰＦＣ）は認知的共感の脳ですね。まなざしから心を読むテストには、両方がかかわるようです。

矢澤順根氏らの研究（二〇二〇年）においても、クリティカルシンキング能力（Watson-

Glaser Critical Thinking Appraisal）が高いほど、まなざしから心を読むテストの成績が良いと報告されています[3]。

直感は関連するか？

第一部では、相手の性格をパッと感じ取る「薄切り判断」の研究を紹介しました。直感は、共感精度にもかかわるのでしょうか。次の研究も、共感精度ではなく、「まなざしから心を読むテスト」を従属変数にしています。

研究

アメリカのクリスティン・マー＝ケラムズら（二〇一六年）の研究です[4]。四四九名の大人（四七・〇歳）が、「まなざしから心を読むテスト」（Reading the Mind in the Eyes Test）（三六問）に挑戦しました。右記と同様、目の部分だけの写真を見て、適切な情動を四択で選ぶ（例えば terrified, upset, arrogant, or annoyed）ものでした。

そして参加者は、認知的熟慮性テスト（Cognitive Reflection Test）三問にも回答しました。これは、「バットとボールを合わせて一・一ドルします。バットはボールより一ドル高いです。ボールはいくらでしょう?」など、熟考すると正解（〇・〇五ドル）できますが、直感で答えると誤答（〇・一ドル）しやすい問題です。
認知的熟慮性テストで三問を全問正解した人（四五名）は、全問誤答した人（二〇八名）に比べて、まなざしから心を読むテストの成績が良かったのです。

つまり、意外なことに、直感的な人ほど共感精度が低くなるようです。
次も、「まなざしから心を読むテスト」を従属変数にした研究です。

研究

アメリカのアナンニャ・メイユカからの研究（二〇二〇年）です。[5]
三九九名の大人（三八歳）がオンラインで実験に参加しました。参加者は、目だけ写っている写真を三六枚見て、それぞれ、その人の感情を四択で回答（例えばjealous, panicked, arrogant, hateful）しました。次に、共感性尺度として、対人反応性指標（IRI）、エンパシー指標（Empathy Index）（14「情動伝染チェック!」を参照）に回答しました。
その結果、エンパシー指標は（エンパシー得点も行動伝染得点も）まなざしから心を読むテストに対して、負の相関をもっていました（相関係数-.37と-.22）。一方、対人反応性指標の共感的関心（empathic concern）は、正の相関でした（相関係数.29）。

共感的関心の項目(6)

・自分より不運な人たちを心配し、気にかけることが多い
・誰かがいいように利用されているのをみると、その人を守ってあげたいような気持ちになる
・自分が見聞きした出来事に，心を強く動かされることが多い
・自分は思いやりの気持ちが強い人だと思う。

そして興味深いことに、エンパシー指標が高くても、共感的関心が高ければ、まなざしから心を読むテストの成績は下がりませんでした（調整効果）。

男性ホルモンは関連しない

カナダのエイモス・ナドラーらの研究（二〇二〇年）を見てみましょう[7]。二四三名の男性（二三・六歳）を、テストステロン群（経皮吸収型テストステロンゲル一〇〇mgを塗布する）とプラセボ群に無作為に割り当て、投与から四時間後に唾液中のテストステロンを測定したあと、「まなざしから心を読むテスト」（三六問）に挑戦しました。また、参加者の人差し指と薬指の長さの比（2D：4D比）も算出しました（両手の平均値）。これは、比が小さいほど（人差し指が短いほど）、テストステロンが多いことを示します。

その結果、テストステロン群はプラセボ群に比べて、唾液テストステロンが高くなっていましたが、しかし、まなざしから心を読むテストの正解数は、両群で有意な差はありませんでした。そして、2D：4D比も正解数に影響しませんでした。

ただし、ドイツのダリ・ガムザクーダシュヴィリら（二〇二一年）によると、唾液中のテストステロンが高い男性ほど、まなざしから心を読むテストの成績は悪かった（相関係数 -.53）という報告もあります[8]。

コラム

マスク・コミュニケーション

ドイツのマンフレート・シュピッツァー（二〇二〇年）は、フェイスマスクは、感染防止に役立つものの、顔の下半分を覆うことで、コミュニケーション能力、解釈能力、相手の表情を真似る能力が低下するのではないか、と懸念しています[9]。

特にデータを示しているわけではありませんが、子どもたちの場合、ポジティブな感情を認識しにくくなり、ネガティブな感情は増幅され、感情の模倣、伝染、一般的な感情性（emotionality）が減少し、（それによって）教師と学習者間の絆（bonding）、グループの凝集性（cohesion）、学習が減少することを懸念しています。

また、オーストリアのカタリナ・ヒュフナー（二〇二〇年）も、マスクをつけたコミュニケーションの難しさを、「まなざしから心を読むテスト」（Reading the Mind in the Eyes Test）を例に、心配しています[10]。

実際は、どうなのでしょうか。

イタリアのカルビ・マルタら（二〇二〇年）は、怒り顔、喜び、真顔（Angry, Happy and Neutral）の顔写真（Karolinska Directed Emotional Faces）を加

エして、マスク（a sanitary mask or scarf の二条件）を付けた、目だけ写っている顔写真を作成しました[11]。

九六名の大人（三六・二歳）に、オンラインでその顔写真を呈示し、それぞれの表情がどの程度の不快・快（valence）を表しているか、マイナス五〇～プラス五〇の数字で評定してもらいました。その結果、両条件ともに、喜び・真顔・怒り顔の順に快の程度は低下していました。

このことは、少し意外ですが、マスク着用でも、情動をある程度きちんと認知できることを意味しています。

しかし、表情の情報が少ないことによって困難を抱える人びともいます。イギリスのガブリエル・ソンダースら（二〇二〇年）は、聴覚に障害をもつ二三〇名と障害をもたない二三〇名に、フェイスカバーの影響について、オンライン調査をしました[12]。調査時期は二〇二〇年六月～八月でした。その結果、難聴の人は（そうでない人に比べて）、コミュニケーションに不安やストレスを感じていました。

オランダのマティアス・シュルツら（二〇二〇年）によると、まなざしから心を読むテストは、情動状態の処理（processing of emotional states）と微表情手がかりの検出（detection of subtle facial cues）にかかわると言います[13]。

アメリカのアルヴィド・グターシュタムら（二〇二〇年）は、他者の視線の処理に、運動知覚に関連する右のＭＴ野（middle temporal complex）と、社会的認知に関連する右の側頭頂接合部（ＴＰＪ）（上側頭溝の後部ｐＳＴＳ）が活動することを報告しました[14]。これは、私たちが、視線をまるで動きがあるかのように処理していることを意味します。

マスク着用のコミュニケーションによって、まなざしから心を読むことに、どのような影響があるのか、今後の研究が必要です。

9　共感性は共感精度に関連するか？

そもそも、自己評定の共感性の得点は、共感精度と相関するのでしょうか。

恋人同士の会話を録画して、共感精度を算出した研究を見てみましょう。

研究

アメリカのローレン・ウェンチェスキーらの研究（二〇一六年）です[1]。

九一組の恋人（一九・三歳、平均交際期間一四・四ヶ月）が実験室にやって来て、恋人との葛藤（一緒に過ごす十分な時間がない、コミュニケーション不足、嫉妬してしまう）や個人的ストレス（授業についていけない、課題のプレッシャー、家族あるいはルームメイトとの問題）のなかから話題を選んで五分間、話し合いました。

次に、その録画を個別にふりかえり、好きな時点で再生を止め（平均七・六回）、そのときの思考や感情を書き出しました。続いて、録画を再度ふりかえり、パートナーが止めた時点について、パートナーの思考と感情を推測して書き出しました。

研究者がそれらを照合して、「不一致」（〇点）、「内容は似ているが同じではない」（一点）、「本質的に同一内容」（二点）のいずれかで評定しました。これが共感精度になります。

最後に、参加者は、自分のパートナーに対する共感的関心（温かい気持ち、おもいやりの気持ち、寄り添う気持ち）について、五段階で評定しました。また、話し合いのときのパートナーの反応（温かい態度だった、おもいやりのある態度だった、寄り添ってくれた）について、五段階で評定しました。


その結果、共感的関心（empathic concern）と共感精度とは相関しませんでした（相関係数.15）。

ただし、共感的関心が高い人は、共感精度が高いほど、パートナーの反応が好意的でした（調整効果）。共感的関心の低い人には、そのような効果は見られませんでした。


意外なことに、質問紙で測定する共感性の得点は、共感精度と相関しないようです。次の

研究は、無音動画に対する情動認識と共感精度の相関を検討したものです。

研究

スウェーデンのアンダーソン・フライクトら（二〇二一年）の研究です[2]。六〇名の臨床心理学の学生（二五歳）が二人組になり、模擬セラピーとして、トラウマ的でない情緒的な出来事（ポジティブでもネガティブでもよい）について三分間語り、その録画を見て、自分自身の感情を記述し、相手の感情を推測したものを、研究者がゼロ点から二点のあいだで評定しました（共感精度）。

参加者は次に、情動認識のアセスメント（Emotion Recognition Assessment in Multiple modalities）として、俳優が一二の情動（pride, interest, relief, joy, pleasure, irritation, anger, disgust, anxiety, panic fear, sadness, and despair）を表現している一～二秒の動画（上半身、音声無し）を呈示し、一二の情動リストから選択しました。

その結果、共感精度が高いほど、情動認識はむしろ低くなることがわかりました（相関係数-.26）。

この結果の解釈には、著者らも頭を悩ませているようです。

アメリカのブレット・マーフィら（二〇一九年）も、八五の研究をメタ分析した結果、自己評定の共感性尺度は、共感精度のような行動指標に相関しないと結論しています。[3]

共感性尺度と共感精度は関連する

一方で、相関が見られたという報告もあります。

・ジャミル・ザキらの研究（二〇〇八年）を見てみましょう。[4] 結果だけいうと、参加者の共感性（Balanced Emotional Empathy Scale）が高いほど、共感精度は高くなっていました（相関係数.21）。ただし、それはターゲットの感情表現（Berkeley Expressivity Questionnaire）がわかりやすい場合（「私がポジティブな感情を感じると、人々は私が感じていることを簡単に正確に理解できる」）だけでした。

・イスラエルのジェイコブ・イズラエルアシュヴィリら（二〇一九年）の研究です。[5]

対人反応性指標の視点取得（5「薄切り判断を高める要因」を参照）の得点が高いほど、一～三秒の動画を見て一四の情動リストから当てる課題（Geneva Emotion Recognition Test）の成績が良く（相関係数.24）、二〇秒の動画を見て一〇個の情動の強さを七段階で評定する成績（情動認識の精度）が良いことを報告しています（相関係数.36）。

共感精度は訓練で向上する

このように考えると、共感精度は、かなり認知的共感の要素が強いように思います。ということは、共感精度は、むしろ訓練で向上する可能性があります。

研究……アメリカのクリステン・オーら（二〇一九年）の研究です[6]。二四名の大人（二四・五歳）が、オンラインで表情認知の訓練（合計一〇・五時間）を受講しました。例えば、表情写真が画面に呈示され、それを表す言葉を選ぶなどです。その結果、共感精度課題を訓練の開示前と終了後に実施したところ、その改善（変化量）は（「ソリティア」などのゲームをする統制群に比べて）大きくなっていました。

加齢による変化

共感精度は、加齢によっても変化するのでしょうか。

ドイツのエリザベト・ブランケら（二〇一五年）の研究によると、高齢者の女性（七二・九歳）は、若年の女性（二五・九歳）に比べて、ネガティブ情動についての共感精度が低いようです（ポジティブ情動についての共感精度は有意差なし）[7]。

また、ドイツのウテ・クンツマンら（二〇一八年）の研究によると、思春期（adolescents）（一六歳）、若い成人（young adults）（二九歳）、中年（五〇歳）のうち、共感精度は若い成人が最も高く、他は低いという逆U字曲線を描くことが報告されています[8]。

10 不安は共感精度を下げる

ここからは、共感精度に影響する要因を見ていきましょう。最初に、不安が高いほど、共感精度が低いという研究です。

研究

アメリカのタルハ・アルヴィらの研究（二〇二〇年）です。[1]三九〇名の大学生（一九・六歳）が、ポジティブまたはネガティブな出来事について話している動画（二分〜二分三〇秒）を見ながら、登場人物の情動の程度を連続的に（continuously）、九段階（「とてもネガティブ」から「とてもポジティブ」）で評定しました（共感精度）。動画は八本ありました。

また、参加者の社会不安特性の程度を測定（Social Phobia Scale, Social Interaction

Anxiety Scale, Leibowitz Social Anxiety Scale）しました。

その結果、社会不安特性が高いほど、共感精度が低くなっていました。それは、ポジティブな語りのときに（ネガティブな語りに比べて）顕著でした。

それではなぜ、不安が共感精度を下げるのでしょうか。

研究

アメリカのアマンダ・モリソンらの研究（二〇一六年）です[2]。

三二名の社交不安症（三一・九歳）と三二名の健康群（三一・七歳）が、平均一二五秒の動画を一〇本見て、共感精度課題に挑戦しました。そのさい、登場人物（ターゲット）がどのように感じているかを連続的に、九段階で評定しました。

その結果、共感精度は、不安症群と健康群で差はありませんでした。

一方、この研究では、登場人物の情動ではなく、動画を見ているときの自分の気持ちを、九段階で評定してもらう条件（自己条件）を設定しました。これは、第三部で説明する情動伝染を測定しているとも言えます。

その結果、自己条件の共感精度は、不安症群と健康群で差がありました。不安症群は

（健康群に比べて）、ポジティブな情動を推測する共感精度が低くなっていたのです（ネガティブ情動の推測は問題なしでした）。

このことは、社交不安症は、感情共感（affective empathy）そのものが低くなる、つまり、動画を見ているときの自分の感情の動きが、登場人物（ターゲット）のそれとずれることを示唆しています。

…………………………………………

もう一つ、この研究で注目すべきは、自己条件の共感精度（相関係数.8弱）は、他者条件（ふつう）の共感精度（相関係数.8強）と比べて、遜色なく正確であったという点です。このことは、共感精度課題が、情動的共感のプロセスも含んでいることを意味します。

感情調節は共感精度に影響しない

上記と少し矛盾するようですが、感情調節が上手かどうかは共感精度に影響しない、という報告もあります。

アメリカのナサニエル・エクランドら（二〇一九年）の研究です。[3]

一〇六名の大学生（一九・三歳）が、女子大学生が難しいカード並べ替え課題（difficult card sorting task）をやっている動画（五分間）を見て、登場人物（女子大学生）の情動の程度を、「とてもネガティブな気分」から「とてもポジティブな気分」のバー・スケールで評定しました（共感精度）。

また、参加者は、自分の情動調節（Emotion Regulation Questionnaire）について回答しました。例えば、「私は、自分の感情を表に出さないことで、感情をコントロールする」「私は、否定的な感情をあまり感じたくないときは、その状況についての考え方を変える」といった項目です。また、情動覚知（Trait Meta-Mood Scale）についても回答しました。例えば、「私は自分の感情についていつもとても明確に感じている」（感情への明快さ）、「感情は人生の指針を与えてくれる」「私はしばしば自分の感情について考える」（感情への注目）といった項目です。

その結果、これらの特性は、共感精度に直接影響していませんでした。

愛着スタイルの影響

不安ではありませんが、愛着スタイルの影響を調べた研究もあります。

カナダのゲンチアナ・サジカジら（二〇一八年）によると、（自分ではなく）パートナーの愛着スタイルの回避が高いほど、共感精度は低くなるようです[4]。

また、アメリカのジェシカ・ボレリら（二〇一九年）によると、自分の愛着スタイルの回避が高いほど、別れたパートナーに対する共感精度に自信をもてない傾向があるといいます[5]。

11 ホルモンなどの影響

次は、男性ホルモンが高いほど、共感精度が低いという研究です。

研究

カナダのヨナス・ニチュケらの研究（二〇二〇年）です。[1]

一〇七名の大人（男性二三・二歳、女性二一・八歳）が、登場人物（ターゲット）がネガティブな個人的出来事（失業、両親の他界、拒絶経験）について話している動画（九〇秒程度）を見ながら、登場人物の情動の程度を連続的に（continuously）、九段階（「とてもネガティブ」から「とてもポジティブ」）評定しました（共感精度）。

また、参加者の右手を高解像度スキャン（high-resolution scan）して、人差し指と薬指の長さの比を算出しました（2D：4D比）。これは、比が小さいほど（人差し指が短いほど、テストステロンが多いことを示します。そして、研究2では、実際の唾液中のテストステロンを測定しました。
その結果、2D：4D比が小さいほど、そして唾液テストステロンが高いほど、共感精度は低くなっていました。

次は、オキシトシンホルモンが、共感精度を高めるという研究です。

研究

カナダのジェニファー・バーツらの研究（二〇一九年）です。[2]
七一名の大学生（男性三一名、二二・七歳、女性四〇名、二一・六歳）が、心理学の実験室にやってきました。彼らはまず、実験群と統制群に無作為に割り当てられ、実験群はオキシトシン（intranasal oxytocin）を（プラセボ群はオキシトシン成分なし）鼻腔から投入しました。そして四五分後、共感精度課題に挑戦しました。
また、参加者は自分の自閉スペクトラム傾向（Autism Spectrum Quotient）について、五〇項目の質問に回答しました。
その結果、プラセボを投与された男性は、自閉スペクトラム傾向が高いほど、共感精度が低くなったのに対して、オキシトシンを投入された男性は、自閉スペクトラム傾向が高いほど、共感精度が高くなっていました。

一方、女性については、オキシトシンや自閉スペクトラム傾向は共感精度に影響しませんでした。

同じく、ジェニファー・バーツら（二〇一〇年）の研究においても、[3]プラセボを投与された男性は、自閉スペクトラム傾向が高いほど、共感精度が低くなったのに対して、オキシトシンを投与された男性は、自閉スペクトラム傾向が高くても、共感精度は低くならなかったのです。


ただし、ドイツのイレーネ・トリッラら（二〇二〇年）によると、オキシトシン投与とプラセボ投与で、表情模倣（喜びの表情を見たときの大頬骨筋の反応）に違いはなかったという報告もあります。[4]

共感精度が高いと、人を助ける

オキシトシンに関連して、共感精度が高い人は、実際に人を助けることもわかっています。

研究

アメリカのナサニエル・エクランドら（二〇一九年）の研究です。[5]

二一一名の大学生（一八・九歳）が心理学の実験室にやって来ました。彼らはまず、共感精度課題に挑戦しました。

それが終わると、女性の助手が、バックパックをわざと倒して、鉛筆やフォルダや紙を研究室の床に散らかしてしまいました。助手は参加者にあえて助けを求めません。

結果は明らかでした。ネガティブ情動（anxious, sad, angry, guilty/ashamed, and embarrassed）に対する共感精度が高い参加者ほど、床に落ちた物を拾ったのです。

アルコールの摂取が共感精度を下げる

ホルモンではありませんが、アルコールの摂取が共感精度を下げるという研究です。

研究

オランダのフレーヤ・ティールらの研究（二〇一八年）です。[6]

五四名の男性（二四・六歳）が心理学の実験室にやって来ました。彼らは実験群とプラセボ群に無作為に割り当てられ、実験群は、一一七ミリリットルのウォッカをトニックで割って飲みました。プラセボ群は、四ミリリットルのウォッカをトニックの表面にスプレーしたものを飲みました。

続けて、参加者は共感精度課題に挑戦しました。

それとは別に、参加者はアルコール依存度（Alcohol Use Disorders Identification Test）について、八項目に回答しました。

その結果、共感精度は条件間で差はありませんでしたが、アルコール依存度の高い人を除くと、実験群はプラセボ群に比べて、共感精度が低くなることがわかりました。

心拍の同期が共感精度を上げる

このことは、生理的な条件が、共感精度に関連する可能性を示唆します。次の研究は、まさに、二人の心拍が同期しているほど共感精度が高くなる、というものです。

研究

イスラエルのカリン・ヨスフェらの研究（二〇二〇）です[7]。

七二名の参加者（二四・四歳）が、二～三分のビデオクリップを見て、登場人物（ターゲット）の気持ちを推測して、スライドスケール（「ネガティブ」～「ポジティブ」）で、連続的に（continuously）評定しました（共感精度）。動画は九種類あり、映像音声有り、映像のみ、音声のみの三条件で繰り返し見ました。

同時に、心拍数（heart rate）も連続的に測定していました。

また、動画を見終わったあとで、「この人はストーリーを話しているときに、（八つの情動について）～の感情をどの程度感じていたと思いますか？」という質問に対して、九段階で評定しました（特定情動評定）。特定情動評定は、共感精度とよく相関していました（相関係数.28）。

あらかじめターゲット自身も、これらを測定していました。そして、参加者とターゲットのそれぞれの数値の相関係数を、共感精度、心拍同期、特定情動精度としました。その結果、映像音声有り条件において、共感精度が高いほど、両者の心拍は同期していました（相関係数.24）。そして、特性情動精度が高いほど、両者の心拍は同期していました（相関係数.26）。

12　共感精度が低い人びと

不安、男性ホルモン、ストレスが共感精度を下げることを紹介しました。そもそも、自分の体験は、共感精度と相関するのでしょうか。

同様の体験が自分にあったほうが、相手に共感しやすいように思いますが、事実は逆のようです。

研究

イスラエルのジェイコブ・イズラエルアシュヴィリら（二〇二〇年）の研究です[1]。二〇七名の大人（三七歳）が、女性がネガティブな実体験（破局の恐怖、パートナーが浮気するサイン、逆カルチャーショック、親とのけんか）を話している動画（二〇秒）を、「登場人物がその状況でどのように感じているかを想像しながら」見るように教示されました。見終わったあとで、一〇個の情動の強さをそれぞれ七段階で評定しました（情動認識の精度）。

また、参加者は「登場人物が語った体験が、（自分や知人に生じたこととして）どれくらい馴染み深いか」を、七段階で評定しました（体験の類似性）。

その結果、体験の類似性が高いほど、情動認識の精度は低くなっていました（標準化偏回帰係数 -.45）。おそらく、体験の類似性が高いと、こちらに不快な気分が高くなるため、精度が低下すると考えられます。

ずるをすると共感精度が下がる

そして、ずるをすると共感精度が下がる、という報告もありました。

研究

アメリカのジュリア・リーら（二〇一九年）の研究です[2]。

一八三名の大人（三一・九歳）が、心理学の実験室にやって来ました。彼らは、ずる可能群とずる不可能群に無作為に割り当てられ、サイコロ投げ課題に挑戦しました。

これは、最初にDかUを宣言し、画面上でサイコロを振り、Dの場合は下の面の数字（5なら2）を、Uの場合は出た目の数字（5なら5）を点数として稼ぐというものでした。

　ここで、ずる可能群は、DU宣言を心の中で行うので、出た目を見て大きな数字になるように、うそをつくことができました。

　そのあとで、参加者は共感精度課題に挑戦しました。

　その結果、ずる可能群は（ずる不可能群に比べて）、共感精度が低かったのです。

　これは、ずるで認知資源（リソース）を使ったことで、共感精度課題に割くリソースが少なかったためと考えられます。

コラム

共感精度が低い人びと

　ネイラ・マーティン＝ケイらの共感精度の研究（二〇一七年）では、素行障害（conduct disorder）の男子（一六・〇歳）は、定型発達群に比べて、情動共感の精度が低いと報告されています。[3]

一方、同じくネイラ・マーティン＝ケイらの研究（二〇二〇年）です。[4] 素行障害の女子（一六・〇歳）と定形発達との間に、情動共感の精度の違いはなく、自分の気持ち（感情共感 affective empathy）そのものが低くなる、つまり「動画を見ているときに、あなたはどの感情を最も強く感じていましたか?」に対する回答が、登場人物自身の気持ちとずれることを報告しました。

また、統合失調症の患者においては、対人反応性指標（IRI）や共感性質問票(Questionnaire of Cognitive and Affective Empathy) は共感精度に関連しなかったという報告もあります。[5][6]

その他、自閉スペクトラム症においても、共感精度が低下します。[7]

そして、アメリカのカーラ・ハレンスキーらの研究（二〇一七年）によると、自殺企図のある精神病の犯罪者（psychotic offenders with suicide attempts）は(自殺企図のない精神病の犯罪者、精神病でない犯罪者、犯罪者でない一般人に比べて)、共感精度が低く、側頭極（temporal pole）の容積が小さいようです。[8]

Ⅲ

情動伝染

13 気持ちが伝わる

電車に乗っていると、とつぜん何か悲しい気持ちが込み上げてきました。ふと隣を見ると、女性が涙を堪えるように窓の外を見遣っています。きっと何かつらいことがあったのでしょう。私は、「もしかしたら、この悲しい気持ちは、私の悲しみではなく、彼女の悲しさではないか」と思いました。

これは私の経験です。このように、会話がなくても、前言語的（preverbal）、前反省的（pre-reflexive）、直感的（intuitive）に、相手の気持ちを察するような現象があるかもしれません。

第二部で、共感には二種類あると述べました。気持ちが自然に伝わる「情動的共感」

（emotional empathy）と、相手の立場や主張をきちんと想像して理解する「認知的共感」（cognitive empathy）の二つでしたね。

このうち、情動的共感の基礎になっているのは、このエピソードにあるような、情動伝染（emotional contagion）というメカニズムです。

不安の伝染

最初に、他者のストレスや不安な気持ちが伝わってくる、という実験を紹介しましょう。

研究

カナダのパム・ショウら（二〇二〇年）の研究です[1]。

一二八名の大学生（二〇・三歳）が、心理学の実験室にやって来て、実験群あるいは統制群に無作為に割り当てられ、五分程度の動画を見ました。実験群の動画は、俳優が社交不安症を演じているもので、中立的な話題についてスピーチしているのですが、原稿の後ろに隠れたり、集中力が続かないかのように、思考の流れを失ってしまう様子が録画されていました。

統制群の動画は、同じ俳優が、同じく中立的な話題についてスピーチしているのですが、カメラにずっとアイコンタクトすることで、自信を示す様子が録画されていました。もちろん、この種の実験では、呈示する動画が重要です。研究者たちが事前に精査して、自然な演技のものを選びました。

さて、参加者は、この動画を見た直後に、自分が感じている不安のレベルを、主観的苦痛単位（Subjective Units of Distress Scale）で評価しました。これは、不安の行動療法で有名なジョゼフ・ウォルピが開発した方法です。じつは、動画を見る前のベースラインにおいても、同様に評価していました。

その結果、実験群は（統制群に比べて、ベースラインを共変量とした場合）、動画の直後に不安が高くなっていました。それは、もともとの社交不安傾向（Social Phobia Inventory）が高いほど、動画を視聴したあとの不安も高くなっていました。

しかし、参加者の情動伝染（Emotional Contagion Scale）や共感性（Toronto Empathy Questionnaire）の程度は、影響しませんでした。

もともと不安の傾向が強い人は、人の気分に左右されやすいのかもしれません。

オランダのマール＝マリー・ピテルコウら（二〇二一年）のメタ分析によると、特に男性においては、社交不安傾向が強いほど、自己評定の感情共感（affective empathy）は高くなるようです。[2]

幸福伝染

次は、幸せな気持ちが伝わってくる、という実験です。私たちは、幸せな人と一緒にいると、幸せな気分になります。これを幸福伝染（happiness contagion）といいます。そして、もともと自尊心が低い人は、人の気分に影響されやすいようです。

研究

ポーランドのアナ・ユシュケビッチら（二〇二〇年）の研究です。[3]

二〇七名の大学生（二一・一歳）が実験に参加しました。参加者は、情動伝染動画（emotionally contagious films）を見ました。これは、男性が喜びの表情または悲しい表情をしている一分間の無音動画でした。

参加者は、この前後で、現在の幸せ（happy, cheerful, joyful）と悲しみ（sad, downhearted, blue）の気分の程度を五段階で評定し、課題後を課題前の評定で割った値から一を引いて、情動伝染の指標としました。

その結果、女性においては、自尊心（Rosenberg Self-Esteem Scale）が低いほど、幸福伝染が高くなっていました。

媒介分析の結果、女性の幸福伝染が高くなった理由として、自尊心が低いほど、動画の登場人物から拒絶される恐れ（the fear of rejection）が高まりやすく、その結果、幸福伝染が生じる可能性が、明らかになりました。

ちなみに、ここでいう「拒絶される恐れ」は、次のような項目でした[3]。

・彼が私のことをどう思っているかが気になる。
・彼が私を受け入れてくれるかどうかが心配だ。
・彼が私に退屈したり、私に興味を失くさないかが心配だ。
・彼の私についての意見が気になる。

つまり、情動伝染の起源は、相手に嫌われないように同じ気持ちになることだと考えられます。進化的にいうと、情動伝染は危険回避に役立ってきたと思われます。

14 情動伝染チェック！

情動伝染しやすいかどうかを、セルフチェック（自己評定）する質問紙が開発されています。

よく使われるのは、ウィリアム・ドハーティの情動伝染尺度（Emotional Contagion Scale）です。[1] トロント共感質問紙（Toronto Empathy Questionnaire）の中の情動伝染の項目もそうです。[2]

トロント共感質問紙では、例えば、ふだんの自分をふり返って、次のような項目が、どれくらい当てはまるかを回答します。

・誰か他の人がわくわくしていたら、私もわくわくしやすい。

・誰かが無下にあしらわれているのを見て、動揺してしまう。
・他の人たちが悲しい思いをしていると、彼らがそれを口にしなくても、私にはわかる。
・私の「波長」（in tune with）が他の人たちの気分に合っていると、私にはわかる。

また、基本共感尺度（Basic Empathy Scale）の情動伝染の項目は、次のようなものです[3]。

・何かで悲しくなっている友だちと一緒にいたあと、私はいつも悲しい気持ちになる。
・私は、ほかの人の気持ちに引っ張られやすい。
・私はテレビや映画で悲しい場面を観ると、しばしば悲しくなる。
・怖がっている友だちと一緒にいると、私も恐怖を感じやすい。
・私はときどき、友だちと同じ気持ちで心がいっぱいになる。

研究

アメリカのマシュー・ジョーダンら（二〇一六年）は、「エンパシー指標」（Empathy Index）を作成しています[4]。彼らは、情動伝染をエンパシーと行動伝染（behavioral contagion）に分けています。

エンパシー

・ワクワクしている人を見ると、私もワクワクした気持ちになる。
・自分では感じようとしていなくても、周りの人の感情を感じてしまうことがある。
・映画を見ていて、登場人物が足を怪我したら、私の足にも痛みを感じる。
・誰かが怖がっている話を耳にしたら、自分がその状況にいたらどれほど怖いかを想像して、私自身が怖さを感じ始める。
・他人の気まずい話を聞いたら、少し当惑した気持ちになるだろう。
・動物が他の動物に狩られている番組は、自分が狩られているような緊張感があるので、見ていられない。
・そわそわしている人を見ると、私も不安になってくる。

行動伝染

・誰かがあくびをしているのを見たら、私もあくびをする可能性が高い。
・誰かが吐いているのを見たら、私も吐いてしまう。
・話をしている相手と同じように、手足を組んでしまう。

・赤ちゃんが笑っている動画を見ると、自分が笑っていることに気づく。
・誰かが急に目をそらしているのを見たら、自動的に相手が見ている方向を見てしまう。
・誰かが平均台の上を歩いているのを見ていて、その人が傾いたら私も傾いてしまう。
・誰かと会話をしていて、相手が鼻を掻いていたら、私も鼻を掻く。

共感を分類する

そして、児童用の共感質問紙のなかにも、情動伝染の項目は入っています。

研究

アルゼンチンのマリア・リショーら（二〇一七年）は、九～一二歳の児童用共感質問紙（Empathy Questionnaire for children）を開発しました。[5] これは、次のような項目を含んでいます。

・情動伝染（emotional contagion）：「私の知らない誰かが泣いているのを見ると、私も悲しい気持ちになる」「誰かが踊っているのを見ると、私も足を動かしたくなる」

・自他覚知（self-other awareness）：「誰かが気を悪くしたら、私はすぐに気づく」「友だちが退屈していたら、私は気づく」「友だちが怒っていたら、私が幸せなときでも気づく」
・視点取得（perspective taking）：「私が誰かと口げんかしているとき、私はその人の考えていることを理解しようとする」「相手が違うように考えていても、私はその人を理解できる」
・情動調節（emotional regulation）：「私はかっとなりやすい」（逆転項目）「私はかっとなったとき、気持ちを落ち着かせるのが難しい」（逆転項目）
・共感行動（empathic action）：「筆箱を忘れた子どもがいたら、自分の道具を貸してあげる」「困っている子どもたちを、みんなで助けなければいけないと思う」

この元になっているのは、アメリカの心理学者ジャン・デセティの提唱する、共感の発達過程です[6][7]。ジャン・デセティは、次のようにまとめています[8][9]。

・感情共有（affective sharing）：情動伝染など、乳児期から存在する、非自発的（involuntary）

で、身体感覚運動的な自他の共鳴（somato-sensorimotor resonance between other and self）の段階

・自他覚知（self-other awareness）：自他の違いと他者の気持ちに気づく段階

・心の柔軟性（mental flexibility）：視点取得など、他者の主観的視点を自分に取り入れる（adopt the subjective perspective of the other）段階

・調節過程（regulatory processes）：自分の気持ちを調整する（modulate the subjective feelings associated with emotion）段階

また、スウェーデンのヤコブ・エクルンドらの研究（二〇二〇年）は、共感に関する五二の論文を系統的にレビューして、共感の概念は、次の四つを含むと結論しています。[10]

・理解（understanding）：他者のメンタルライフに関する何かを知ること（knowing）

・感情（feeling）：他者の状況にふさわしい感情で反応すること（affective response）

・共有（sharing）：他者の体験と同じような状態を体験すること（experiencing）

・自他の分化（self-other differentiation）：自他に違いがあることを認識すること（recognition）

イギリスのセシリア・ヘイズも、共感の二重過程モデル（dual system model of empathy）を提唱し、情動伝染と共感的理解（empathic understanding）の二つで構成しています[11]。

15 表情の自発的模倣

情動伝染の基本メカニズムは、表情の模倣にあるようです。もらい泣き、つられ笑い、痛みを感じている人を見て、こちらも顔をしかめるなど、日常生活でも体験することですね。

研究

ドイツのタニヤ・リシュチェツクらの研究（二〇二〇年）です。[1]

一四六名の大学生（二六・五歳）が実験に参加しました。参加者は表情再認課題（emotional-faces person recognition task）に取り組みました。これは、正面向きの人物が一秒毎に一五枚呈示され、それが横顔の目標人物（target person）と同じかどうかを判断していくものでした。喜びの表情（happy face）と悲しい表情（sad face）の二条件がありました。

参加者は、課題前後で、現在の快・不快の気分評定（pleasant mood and unpleasant mood）を五段階で行ない、その差を情動伝染の指標としました。

また、課題をしているときの表情筋（大頬骨筋 zygomaticus major、皺眉筋 corrugator）の活動を、顔面筋電位（facial electromyography: EMG）で記録しました。大頬骨筋は口角を上げる表情筋、皺眉筋は眉をひそめる表情筋です。

その結果、悲しい表情条件では、課題中の皺眉筋の活動が大きいほど、課題後の不快気分が増大していました。喜びの表情条件では、課題中の大頬骨筋の活動が大きいほど、課題後の快気分が増大していました。

このことは、表情の自動模倣（automatic mimicry）が情動伝染（emotional contagion）を増大させる説を支持しています。


その証拠に、ドイツのアンドレア・コワリックら（二〇二一年）によると、男子大学生において、自閉性指数が高いほど、表情模倣を練習することで、表情認識が向上するようです[2]。

また、イタリアのサラ・ボルゴマニエリら（二〇二〇年）によると、大頬骨筋の動きを抑制することで、喜びの表情の認識が悪くなるようです[3]。

ポーランドのミハル・オルサノフスキーら（二〇一九年）の実験においても、送信者の感情表示と受信者の感情経験の関係に、表情模倣が媒介していることを支持していました。[4]
なお、表情模倣は、相手の表情を完全に模倣しているわけではないので、表情同調（congruent facial expression）と呼ばれることもあります。[5]
また、表情模倣は、完全なボトムアップ処理で生じているわけでもありません。ポーランドのモニカ・ヴロヴェルら（二〇一九年）によると、情動伝染には、トップダウンの社会的過程（top-down social processes）もあるといいます。[6] 例えば、藤村友美氏ら（二〇一六年）は、信頼できない相手の笑顔に、表情同調が起きないことを報告しています。[7]

情動伝染の基本

オランダのエリシュカ・プロハスコヴァら（二〇一七年）は、情動伝染の神経認知モデル（neurocognitive model of emotional contagion）を提唱しています。[8] これは、動作の自動模倣（automatic mimicry）とミラーニューロン同調（mirror neurons coupling）を、情動伝染の基本に据えるモデルです。人は生理的に共鳴する（resonate）ようにできている、という考え方です。これについては、第四部で再び解説します。

また、イタリアのエリザベッタ・パラジら（二〇二〇年）も、表情模倣（facial mimicry）を情動伝染の基本成分（essential component）に据えるモデルを提唱しています[9]。

そして、ドイツのアリソン・ホランドら（二〇二〇年）によると、二八の研究をメタ分析した結果、表情模倣は情動的共感と相関する（しかし効果量は.16と小さい）ことがわかりました[10]。

疾患と表情模倣

また、表情模倣は各種疾患においても崩れにくく、共感の基本メカニズムとして強固だと考えられます。ドイツのウルズラ・ヘス（二〇二〇年）は、表情模倣は、他者の情動の理解を伝える（communicate understanding of the other's emotion）という目標に依存しているといいます[11]。

たとえば、オランダのペーター・デシャンら（二〇一四年）によると、六～七歳の破壊的行動障害（disruptive behavior disorder）とＡＤＨＤの子どもたちは、教室ではけっこうたいへんですが、表情模倣（facial mimicry）は障害（impairment）していないことがわかりました。[12]

また、オーストラリアのエリザベス・ピサロ＝カンパーニャら（二〇二〇年）によると、一五〜二五歳の境界性パーソナリティ障害の人たちの表情模倣は遜色なく、健康群と同程度であることが報告されています。[13]

そして、オーストラリアのオリビア・デミケリスらのメタ分析（二〇二〇年）によると、アルツハイマー群の感情的共感（affective empathy）は、健康群と差がないという結果になっています。[14]

ただし、義村さや香氏らの研究（二〇一五年）によると、自閉症群は（定型群に比べて）、動的表情に対する表情筋の模倣が生じにくいことが報告されています。[15]

16 ホルモンなどの影響

ここからは、表情模倣に影響する要因を見ていきましょう。最初に、ストレスホルモンが表情模倣を低下させるという研究です。

研究

カナダのヨナス・ニチュケら（二〇二〇年）を見てみましょう[1]。

七三名の大人（男性平均二二・八歳、女性二一・八歳）が心理学の実験室にやって来ました。彼らは、就職模擬面接（Trier Social Stress Test）を受けることになり、五分間のスピーチを強いられたあとで、計算課題として二〇二三から一七ずつ引き算することを求められました。

その前後に、唾液中のコルチゾールとアミラーゼを採取しました。

さらに、参加者は、表情の自発的模倣（spontaneous facial mimicry task）の課題を行いました。これは、真顔から笑顔あるいはしかめ面になる五秒間の動画が画面上に呈示されるので、それを見ている参加者の表情筋の動きを、顔面筋電図（facial electromyography: fEMG）で記録するというものです。

その結果、コルチゾールの分泌が多いほど、笑顔を見たときの大頬骨筋（zygomaticus major）の反応が弱くなっていました。

孤独、不安、愛着スタイルの影響

アメリカのアンドリュー・アーノルドらの研究（二〇二〇年）によると、孤独感（R-UCLA Loneliness scale）の高い人は（低い人に比べて）、笑顔を見たときの大頬骨筋（zygomaticus major）の反応が弱いことが、わかっています[2]。

一方で、不安が表情模倣を増やす、という研究もあります。

オランダのコリネ・ダイクらの研究（二〇一八年）によると、社交不安（Social Interaction

Anxiety Scale）の高い人は（低い人に比べて）、笑顔（polite smile）に対して口角が上がる（AU6）ことがわかりました[3]。

これは、表情模倣が進化的には、他者から拒絶される回避に役立ってきたことを示唆します。

しかし、スウェーデンのグスタフ・ニルゾネらの研究（二〇一七年）によると、抗不安薬（oxazepam）の服薬で、表情模倣（emotional mimicry）は抑制されませんでした[4]。

次に、愛着スタイルが不安定であるほど、（表情模倣ではなく）情動伝染尺度の得点が高いという研究を見てみましょう。

研究

ポーランドのドミニク・ボラフスキーら（二〇二〇年）の研究です[5]。

一七九名の大人（二五・〇歳）が、孤独感（Revised UCLA）、愛着スタイル（Experienced Close Relationships scale）、情動伝染（Emotional Contagion Scale）について回答しました。

その結果、愛着スタイルが不安定であるほど、情動伝染が生じやすく、それが孤独感を強めているという媒介効果が明らかになりました。

あくびの伝染

イタリアのイヴァン・ノルシアらの研究（二〇二〇年）によると、あくびの伝染（yawn contagion）は、その声だけ聴いても生じるそうです。[6] しかも、社会的絆（social bonds）の程度によって、あくびの伝染率は異なります。友人や親族は（見知らぬ人や知人に比べて）、あくびが移りやすいのです。

一方、オーストリアのヨーク・マッセンとアメリカのアンドリュー・ギャラップの系統的レビュー（二〇一七年）によると、あくびの伝染は、共感性と関連しないという研究もたくさんあるようです。[7] アンドリュー・ギャラップは、あくびの脳冷却説（brain cooling hypothesis）を唱えている研究者です。

また、アメリカのモリー・ヘルトら（二〇二〇年）によると、自閉症児（一〇・八歳）は定型児に比べて、あくびの伝染は減少していました。[8] しかし、親を対象としたときや、目に注意を向けさせると、あくびの伝染は遜色なく、定型群と同程度でした。

ただし、スウェーデンのマルティナ・ガラスカら（二〇一八年）によると、自閉症（二一・三歳）は定型群と同様に、瞳孔径の同期が生じていました。[9] これは、瞳模倣（pupil mimicry）と呼ばれます。

また、スウェーデンのクリステン・フォーセットらの研究（二〇一六年）によると、六ヶ月と九ヶ月の赤ちゃんは、大きな黒丸の同心円（concentric circles with lager black circles）を見ると、瞳孔径（pupil size）が大きくなりました。[10] これが、瞳孔伝染（pupillary contagion）のメカニズムだと考えられています。

親しい人のあいだで情動伝染しやすい

そもそも、情動伝染は、親しい人のあいだで生じやすいのでしょうか。

研究

アメリカのアダム・ロジャーズらの研究（二〇一八年）です。[11]

九八組の高校生のカップル（一六・七歳、交際期間六ヶ月以下が三三パーセント、半年から一年未満が三五パーセント）を一二週間追跡調査しました。参加者は、日曜日と水曜日の夜七時に、パートナーとの関係に関する感情（negative romantic feelings, positive romantic feelings）を記録しました（ecological momentary assessments）。

その結果、お互いの感情状態は高く相関していました（ネガティブ感情.58、ポジティブ感情.43）。

次は、夫婦を対象にした研究です。

研究

イスラエルのハラン・セネドらの研究（二〇一七年）です。[12]

平均関係継続期間が五年間の五三組の夫婦（恋人を含む）（男性二九・八歳、女性二七・八歳）を二週間追跡調査しました。日誌（diary）法で、自分のネガティブな気分（怒り、不安、悲しみ）を五段階で記録し、相手の気分を推測して記録しました。また、その日に葛藤（二人のあいだに重大な不一致）があったかどうかも記録しました。

その結果、お互いの気分（real similarity）は相関していました（標準化偏回帰係数.24）。とくに、葛藤があった場合は相関していました（標準化偏回帰係数.30）。

つまり、夫婦のその日の気分は、ある程度同じになるのです。けんかをしているときは、なおさらです。

HSPと情動伝染

また、繊細な人ほど情動伝染が高いことも報告されています。

研究

黄夢荷(二〇二〇年)は、三〇〇名の日本人(二五・五歳)を対象に、感覚処理感受性尺度(HSPS-J19)と情動伝染尺度(Basic Empathy Scale)を調査しました。[13]

その結果、低感覚閾(「大きな音や雑然とした光景のような強い刺激がわずらわしい」)、易興奮性(「短時間にしなければならないことが多いとオロオロする」)、美的感受性(「微細で繊細な香り・味・音・芸術作品などを好む」)と情動伝染の相関係数は、男性でそれぞれ.42、.54、.44、女性でそれぞれ.19、.32、.28でした。

17　ポジティブ情動とネガティブ情動

ところで、ポジティブ情動とネガティブ情動は、どちらが情動伝染しやすいのでしょうか？

研究

ポーランドのモニカ・ヴロヴェルの研究（二〇一八年）です。[1] 八六組の大学生（二二・三歳）が、直感の正確性（the accuracy of intuition）の実験に参加しました。参加者は友人あるいは見知らぬ人と二人組になり、さらに送信者（sender）と受信者（receiver）に分かれ、それぞれ個室に入りました。

送信者は、情動喚起（happy or sad）の動画を一分間見ました。受信者はそのさいの送信者の表情を別室でモニターしていました。そして、送信者の情動と自分の情動

（happy, sad, enthusiastic, and dejected）を、それぞれ一〇〇点満点で評定しました（事後測定）。なお、それに先んじて、事前測定も実施していました。

その結果、楽しい情動は友人の受信者だけに伝染しました。一方、悲しい情動は見知らぬ受信者にも伝わったのです。


この結果は、ネガティブ情動のほうが、情動伝染が容易であることを示唆しています。

研究

アメリカのジャニス・ケリーらの研究（二〇一六年）も見ておきましょう[2]。

一六〇名の大学生（一九・四歳）に、六秒間の表情モーフィング動画（真顔から笑顔または真顔から怒り顔）を見てもらい、直後の気分を七段階で評定してもらいました。そのさい、認知的負荷として、八桁の複雑な記号（n63#m1Q）または一つの数字（8）を覚えておいてもらいました。

その結果、認知負荷低条件では（高条件に比べて）、笑顔を見て幸福感が高くなっていました。それに対して、怒り顔の伝染については、認知的負荷高条件でも生じていました（条件によって有意差なし）。したがって、怒りの情動伝染のほうが（幸せに比べ……て)、自動的に生じやすいと考えられます。

オランダのソフィ・ファン・デア・ゼイら（二〇二〇年）によると、認知的負荷の高い条件（うそをつく）において、頭部・胸部・手首の動作が相手と同調する（nonverbal coordination）類似度が増えることが、報告されています[3]。

人は悲しい音楽を好む

これらの結果から、ネガティブな気持ちのほうが、情動伝染が容易であると考えられます。

ちなみに、フィンランドのトーマス・エーロラら（二〇一六年）によると、対人反応性指標の想像性得点が高い人は、悲しい音楽（この研究ではMichael Kamenの曲）を好む傾向にあるようです[4]。

アメリカのディヴィッド・ヒューロンら（二〇二〇年）も、共感的関心と想像性得点が悲しい音楽の嗜好に関連すると、レビューしています[5]。

そして、ドイツのアンドレス・ピニーリャら（二〇二〇年）は、ネガティブな気分誘導後

に怒り顔に対する情動伝染が高くなり、ポジティブな気分誘導後に笑顔に対する情動伝染が高くなることを報告しています。(6)

アメリカのYoon Sunkyungら（二〇二〇年）によると、うつ病の人は悲しい音楽（この研究ではSamuel Barberの曲）を選択する傾向にありますが、それは気持ちが落ち着く（calming effects）という理由のようです。(7)

笑顔は、ほどほどが良い

ところで、情動伝染の効果は、広告にも活かされています。私たちは、商品に添えられる人物の表情に釣られて、そのような気持ちになり、それが購買行動につながります。

ところが、ドイツのマクシミリアン・ラープら（二〇二〇年）は、クラウドファンディング広告に添えられる表情の強さの効果は、逆U字型のグラフになることを報告しました。(8) 例えば、添えられている人物の表情が、無表情でも満面の笑みでもだめで、適度な笑顔のときに、視聴者（viewer）のファンディングに最も貢献するようです。

偽の笑いを見分ける

情動伝染尺度や共感的関心の得点が高い人は、真の笑いと偽の笑いを見分けることができる、という研究があります。

研究

ポルトガルのレオノル・ネヴェスらの研究（二〇一八年）です。[9]

一一九名の大人（三九・五歳）が実験室にやって来て、笑顔知覚課題（laughter perception）に挑戦しました。三六本の動画を見て、登場人物の笑いが自発的（spontaneous）か意図的（voluntary）かを、「この人物は演技で表現している」から「この人物はその情動を本当に感じている」まで、七段階で判断する課題です。

自発的笑顔に対する評定値の平均から、意図的笑顔に対する評定値の平均を引いた差を、本当の笑顔の検出能力（authenticity detection abilities）の指標としました。

さらに、情動伝染尺度（Emotional Contagion Scale）、対人反応性指標（ＩＲＩ）の共感的関心（empathic concern）尺度にも回答しました。

その結果、情動伝染が高いほど、本当の笑顔の検出が高くなっていました（決定係数.09）。また、共感的関心が高いほど、本当の笑顔の検出が高くなっていました（決定係数.11）。

18　動物の情動伝染

意外かもしれませんが、情動伝染は、ラットを対象にした研究も多いのです。ラットの情動伝染課題（emotional contagion test）の手続きを見てみましょう。

研究

オランダの Yingying Han らの研究（二〇二〇年）です。[1]

まず、同性のラットをペアにして慣らしておきます（第一日）。観察ラットは事前に別の部屋で電気ショック（foot shocks）を受け、痛みを学習しておきます（第二日）。電気ショックを受けるラット（DEM）は、一秒の電気ショックを五回受けます（第五日）。実験者は、その様子を見たラット（OBS）の凍りつき反応（freezing）を測定します。

その結果、男女ともに、相手が電気ショックを受けるのを見て（匂いや発声も聴いている）、凍りつき反応が生じていました。
興味深いことに、女性は忍耐強いのか、受けるほうも観察するほうも、凍りつき反応が（男性に比べて）少なかったのです。

…………………………

情動伝染に性差がないという結果は、情動伝染の起源を知るうえで重要です。情動伝染が進化的に、「利己的な危険検知」（selfish danger detection）に役立つという解釈になるからです。ポーランドのクセニア・マイザら（二〇一七年）のレビューによると[2]、共感の進化的ルーツは、他者の情動状態を取り入れる（adoption of another's emotional states）という情動伝染に始まり、分離の苦痛や社会的喪失の痛み（separation distress and pain of social loss）、子孫の世話をすること（the caring for offspring）に根ざしています。
興味深いことに、韓国のChoi Jiyeらの研究（二〇一七年）によると[3]、アルツハイマー病（Alzheimer's disease）のマウスは（同年齢の野生のマウスに比べて）、上述の情動伝染課題で、他の個体が恐怖条件付け（fear conditioning）されているのを観察すると、凍りつき反応（freezing）を多く示しました。そのときの脳としては、左の島皮質の前部（anterior insula）

と右の扁桃体（外側基底部）（basolateral amygdala）が関連していました。

他個体を助けるラット

次の実験は、隣の部屋で電気ショックを受ける様子を見たラットが、他個体に電気ショックがかからないように配慮するというものです。

研究

オランダのユレン・エルナンデス・ラルモンらの研究（二〇二〇年）です。[4]

観察ラットの部屋には二つのレバーがあり、どちらからも同量の餌が出てくるようになっていました。しかし、一方のレバー（harm lever）を押すと、隣の部屋のラットに電気ショックがかかるようになっていました。

隣の部屋で電気ショックを受ける様子を見たラットは、そのレバーを押さなくなり、他方のレバー（no-harm lever）を押して餌を得るようになりました。これは、他個体が見知らぬ場合でも、同様でした。また、自分に電気ショックの経験があると、ショック無しのレバーが多くなりました。

ところが、ショック有りのレバーを押すと、三倍の餌が出てくるように設定しました。するとう、他個体に電気ショックがかかっても、それを押すようになりました。どうやら、餌には勝てない部分もあるようです。

また、前帯状皮質（ＡＣＣ）の機能を麻酔によって不活性化すると、他個体に電気ショックがかかっても、ショック有りのレバーを押すようになりました。つまり、他個体の痛みに無頓着になったわけです。

このことは、前帯状皮質が、情動伝染（特に損害回避 harm aversion）に重要な役割を担っていることを示唆します。

興味深いことに、ラットにも、ヒトと同じような傍観者効果（bystander effect）が見られるという報告もあります[5]。

動物の共感研究は、とても盛り上がっています。

犬と人の情動伝染

オーストリアのアンニカ・フーバーら（二〇一七年）は、犬と人の情動伝染について実験しています[6]。

そして、アメリカのジョシュア・ヴァン・ボーグら（二〇二〇年）は、飼い主の気持ちが犬にどう伝わるかを実験しました[7]。飼い主が箱に入って助けを呼ぶときは（distress 条件）、箱の中で穏やかに大きな声で本を読み上げるときに比べて（reading 条件）、犬が箱のフタを開けて飼い主を助ける行動が多かったのです。

アメリカのジュリア・マイヤーズ＝マナーら（二〇二〇年）によると、犬は飼い主と同様、見知らぬ人が泣いているときにも、接近や接触の行動をとります[8]。そのような行動が多いほど、犬の心拍変動は小さく（つまりストレスや覚醒度が高く）なっていました。

片山真希氏ら（二〇一九年）も、飼い主と犬で心拍変動が同期していくこと、飼育期間が長いほど同期することを報告しています[9]。このような生理的同期については、第四部で再び考えたいと思います。

イタリアのエリザベッタ・パラジとジャーダ・コルドー（二〇二〇年）によると、このような犬と人の情動伝染は、長い家畜化のなかで進化してきたと考えられます[10]。また、フランスのミレナ・トレッシュら（二〇二〇年）は馬と人の情動伝染[11]、日本の米澤智洋氏ら（二〇一七年）は羊同士のあくびの伝染について報告しています[12]。

そして、イギリスのタスミン・ハンフリーら（二〇二〇年）は猫と人の表情模倣について報告しました[13]。飼い主がゆっくりとまばたきすると（**slow blink sequences**）、猫も目を細める（**eye narrowing movements**）のです。

オランダのヨーク・マッセンら（二〇二〇年）によると、オナガ（*Cyanopica cyanus*）は、餌をもらえていない他個体に対して、食物を共有（**food sharing**）することを報告しました[14]。これは、同種同士の助け合い行動（**helping behaviors**）ですね。

オーストリアのジェシー・エイドリアンスら（二〇一九年）は、ワタリガラス（*Corvus corax*）の情動伝染を報告しました[15]。ワタリガラスは、とても賢いことで有名です。一方、オーストリアのジェシー・エイドリアンスら（二〇二〇年）は、動物の共感については、まだ証拠が少ないとも述べています[16]。

19　情動伝染の生理的条件

内受容感覚と情動伝染

情動伝染に深く関わっているのが、心臓の動きです。自分の心拍数を感知する能力が高いほど、情動伝染が高いのです。

研究

ドイツのアレクサンダー・リシュケらの研究（二〇二〇年）です。[1]

八二名の大人（二六・〇歳）が、心拍検出課題（heartbeat detection task）に挑戦したのち、情動伝染尺度（Emotional Contagion Scale）に回答しました。

その結果、女性においては、自分の心拍数を感知する能力（内受容感覚 interoception）が高いほど、情動伝染尺度（ネガティブ状態に対する伝染）が高くなっていました（相関係数.37）。男性については、そのような傾向は見られませんでした。

また、ポジティブ感情に対する伝染は、男女ともに有意な相関はありませんでした。

このような性差をどう説明するかは、難しいところですが、著者らは、次のように進化的に考察しています[1]。

「他者の否定的な状態に気づく（観察によって直接的でも、あるいはシミュレーションによって間接的でも）ことは、生存（survival）を促すだろう。否定的な状態を他者と共有することは、他者からの感情共有や援助行動を得られるチャンスを高めるので、生存をさらに促すだろう。このようにして、進化的な圧力は、人が他者の否定的な状態に気づき、経験し、応答できる特性やスキルの発達を促進してきたかもしれない。女性は男性に比べて、脅威に対してより脆弱な可能性があるので、進化は、男性よりも女性において、より広範囲に、これらの特性とスキルの発達を促進してきたのだろう」

内受容感覚と表情模倣

自分の心拍数を感知する能力（内受容感覚）が高いほど、表情模倣が多いこともわかっています。

研究

今福理博氏らの研究（二〇二〇年）です[2]。

八〇名の大人（二四・五歳）が実験に参加しました。彼らはまず、心拍知覚課題（heartbeat counting task）に挑戦しました。これは、自分の心拍数を二五秒間（あるいは三五秒間、四五秒間、一〇〇秒間）数え、ウェアラブル心電図で測定した心拍数と比較するものです。

このとき、自分で数えた心拍数と実際の心拍数の差（それを実際の心拍数で割って、一から引き、一〇〇倍した数値）を、自分の心拍数を感知する能力（内受容感覚）としました。

そのあとで、参加者は、女性の表情が提示される二・五秒の動画を見ました。動画は、真顔から笑顔に変化するので、参加者は釣られて、表情の自発的模倣が生じるはずです。

そこで、画面を見ている参加者の表情の変化を録画しました。そして、その口角が上がったかどうかを、研究者が表情分析（Facial Action Coding System）で数えたのです。全部で一六試行、行いました。

じつは、表情の自発的模倣の生じやすさには、個人差があります。この研究では、直視の（direct gaze）女性を見る条件と、視線を外した（averted gaze）女性を見る条件を用意しました。そして、その差を表情の自発的模倣の生起数にしました。

その結果、自分の心拍数を感知する能力（内受容感覚）が正確であるほど、表情の自発的模倣が生じていたのです（順位相関係数.60）。

そして、表情を模倣しあうことで、お互いの心拍数は似てきます。

研究

韓国の Sangin Park らの研究（二〇一八年）はユニークです。[3]

三二組の大学生（二五・二歳）が実験に参加し、リーダー役とフォロワー役に無作為に割り当てられました。フォロワー役は、リーダーの表情を真似するか（imitation）、リーダー役の背後にあるスクリーンの表情写真を真似するかを（self-expression）、実験者から指示されました。

参加者の腕に、心電図（electrocardiogram, ECG）を付けて、心拍数を記録しました。

その結果、フォロワーがリーダーの表情を真似するときのほうが（写真の表情を真似するときに比べて）、二人の心拍数の相関係数は高くなっていました。

内受容感覚と匂いの識別

次は、自分の心拍数を感知する能力（内受容感覚）が高いほど、嗅覚が鋭いという研究です。

研究

ドイツのカリナ・ケッペルらの研究（二〇二〇年）です[4]。

三六名の大人（二四・二歳）が、匂いスティック（Sniffin' Sticks）を使って、匂いの識別（olfactory discrimination）と匂いの特定（olfactory identification）の課題（一六試行ずつ）に挑戦しました。

次に、三〇秒、二〇秒、四〇秒の心拍知覚課題（Heart-beat Perception Task）に取り組みました。これが内受容感覚の指標になります。

さらに、匂いを嗅いでいるときの脳活動をｆＭＲＩで測定しました。

その結果、内受容感覚が高いほど、匂いの識別も特定も優れていました（相関係数それぞれ.47、.22）。また、内受容感覚が高いほど、両側の背側の島皮質（dorsal insula）が活性化していました。

島皮質は情動的共感の脳でしたね。

いきなり嗅覚の話で驚いたかもしれませんが、匂いは共感と深い関連があるのです。

コラム

鼻の細菌叢

オランダのイルケ・デ・ボクらの研究（二〇二〇年）によると、鼻にも腸のような「マイクロバイオーム」が存在することが判明したといいます。(5)

皮膚や腸内の細菌叢は、情動伝染に関連すると考えられています。例えば、夫婦は情動伝染によって、お互いのストレスを伝達しあい、もちろん食事の影響などもありますが、それが腸内細菌叢を変化させることで、長期的な健康状態を変化させる、といった具合です。[6]

もしかしたら、副鼻腔の細菌もかかわっている可能性があるでしょう。

勝山雅子氏ら（二〇一八年）によると、人は緊張時に（初対面のインタビュワーの質問に回答する）、手首から「油で炒めたようなネギ・ニラ様の匂い」の皮膚ガス（dimethyl trisulfide, allyl mercaptan）を発散するといいます。[7]

そして、嗅覚の状態は情動に影響します。例えば、ドイツのジモナ・ニゴイエスら（二〇一六年）によると、うつ病の入院患者が一二週間の心理療法を受けたところ、嗅球の容積（olfactory bulb volume）が大きいほど、症状の改善も大きかったとのことです。[8]

「私」のコンディションを決めているのは、鼻の細菌なのかもしれません。

ただし、嗅覚の能力と共感性の尺度については、正の相関があったという研究と、[9]相関がなかったという研究があります。[10]

情動伝染の脳

それでは、情動伝染には、どのような脳がかかわっているのでしょうか。

イギリスのエリザベス・オニオンズらの研究（二〇一七年）によると、[11]行動障害（Conduct Disorder Subscale）と冷淡さ特性（Callous-Unemotional Traits）の高い少年（一一～一六歳）は、（低群に比べて）笑い声を聴いて楽しい気分にならず、笑い声を聴いているときの島皮質の前部（ＡＩ）活動が低かったようです。

また、スウェーデンのサンドラ・タムらの研究（二〇二〇年）によると、睡眠不足（三時間睡眠）によって情動伝染が生じにくくなりました。[12]しかし、扁桃体などの脳の活動は変わりありませんでした。

寝不足はいけませんね。

次の研究は、情動伝染しているほど、脳の活動が同期するというものです。

研究

フィンランドのドミトリ・スミルノフらの研究（二〇一九年）です[13]。

最初に、二人の話し手に実験室に来てもらい、ｆＭＲＩを測定しながら（**noise-canceling recording system** を使って）音声を録音しました。人生の体験を、その出来事を生き生きと思い浮かべながら（**imagine the events vividly**）、一分間語るというものです。例えば、次のような話でした。

・恋人と木の下で毛布を敷いて寝ていました。情熱的なキスをしていて、とても愛していると感じました。

・家で午後のひとときを過ごしていました。特にやることがなかったので、キッチンに行きました。冷蔵庫を開けて、夕食に何を食べようかと考え始めました。

・母の病院のベッドの上に座っていました。母は手術がうまくいかず昏睡状態に陥っていました。彼女はもう私と話すことができず、私は母が回復することはないだろうと知っていました。

次に一六人の参加者が実験室にやって来て、ｆＭＲＩスキャナーの中でその録音を聴きました。話し手の人生の体験を、その出来事を生き生きと思い浮かべながら（imagine the events vividly）、聴くように教示されました。

そのあとで、話し手・聴き手は、ＭＲＩスキャナーの外で、個別に、録音をもう一度聴いて、それぞれ自分の情動の覚醒度（calm-aroused）とヴェイレンス（unpleasant-pleasant）を連続的に評定しました。その結果、話し手と聴き手の、評定はとても重なっていました（相関係数は覚醒度.59、ヴェイレンス.79）。これは、自然に情動伝染していることを示しています。

そして、次のような神経同期（neural synchronization）が明らかになりました。

・話し手・聴き手の覚醒度が重なっているほど、二人の体性感覚皮質（somatosensory cortex）、両側の紡錘状回（bilateral fusiform cortex）、右の扁桃体と海馬（amygdala/hippocampus）が同期していました。

・話し手・聴き手のヴェイレンスが重なっているほど、二人の前帯状皮質（anterior cingulate cortex）、左の楔前部（precuneus）、運動前野（premotor cortex）、右の側頭極（temporal pole）、右の扁桃体（amygdala）などが同期していました。

20 情動伝染と社会的行動

ここからは、情動伝染の高い人が、どのように行動するかを見てみましょう。

研究

イタリアのラウラ・ペティッタらの研究（二〇二〇年）です。[1] 三六七名の労働者（三五・九歳）を対象に、次のような項目をオンラインで調査しました。

・情動伝染（Emotional Contagion at Work Scale）：「誰かの怯えた口調を聞くと、よりいっそう怖くなる」（恐怖伝染）

・仕事に対する燃え尽き（Maslach Burnout Inventory）：「私は自分の仕事で精神的に消

耗している」（情動消耗）
・仕事に対する将来の不安定さ（Job Insecurity）：「この仕事の将来は未知数である」
・職場への同一化（Group Member Prototypicality）：「私が自分の仕事チームのことを話すときは、彼らではなく私たちと言うのがふつうである」

その結果、恐怖伝染（fear absorbed）が高いほど、仕事に対する情動消耗（emotional exhaustion）が高くなっていました（相関係数.31）。

そして、これは当然かもしれませんが、仕事に対する将来の不安定さが高いほど、仕事に対する情動消耗や冷淡さ（cynicism）が高くなっていました。その傾向は、特に職場への同一化が高い群で顕著でした。

また、中国のLi Jingjingら（二〇一七年）は、上司の仕事に対する情熱（leader's work passion）と、部下の仕事に対する情熱（employee's work passion）の関連を検討しました[2]。

その結果、上司の情熱が高いほど、部下の情動伝染が高くなり（「落ち込んでいるときに、幸せなリーダーと一緒に仕事をすると、元気をもらえる」）、そうであるほど部下の情熱も高くなっていました（媒介効果）。

そして、アメリカの Jia Moyi らの研究（二〇二〇年）では、[3] 大学生の親を中心に、六六九名の常勤労働者（四三・〇歳）を調査した結果、情動伝染が高い（「私は悪い知らせを人々にもっていくときに、自分をコントロールできなくなる傾向がある」）ほど、上司に対して感情を隠していました（「私は上司と話すとき、自分の情動を隠す、あるいは偽る必要がある」）。

その他の影響

職場ではありませんが、パキスタンの Faheem Gul Gilal らの研究（二〇一九年）によると、同様に、教師の情熱が、生徒の情動伝染を媒介して、生徒の情熱を高めているという報告もあります。[4]

また、ドイツのヴァネッサ・ワーギンら（二〇一九年）によると、スポーツでいう集団的チーム崩壊の背景にも、情動伝染があるそうです。[5][6] チーム崩壊とは、スポーツチームの複数の選手がゲーム内で突然の極端なアンダーパフォーマンスを経験し、初期のパフォーマンスレベルに戻ることができないことをいいます。

そして、中国のJin Zhengら（二〇二〇年）によると、情動伝染（Emotional Contagion Scale for Public Emergency）が高いほど、感染症の予防行動が多いことが報告されています。[7]

Ⅳ

波長合わせ・共鳴・心理療法

21 気の合う人で癒される

その日は、仕事でうまくいかないことがあって、少し落ち込んでいた。「気晴らしでもするか……」。私は、久しぶりにスポーツジムに行くことにした。受付では、顔馴染みの女性が、「過ごしやすい季節になりましたね」と、笑顔で迎えてくれた。「今日は時間ができたので、急きょ来たんですよ」「いいですね。今日は、ふだんより空いていますよ」。女性は、私の顔を愛くるしく覗きこんだ。言葉をほんの少し交わしただけだが、私は不思議な安心感を覚えた。

ちょっと落ち込んだときに、気の合う人のそばにいて癒される、元気が湧いてくる。そんな経験はありませんか？

気の合う人と一緒にいると、仮に二人の間に会話がなくても、温かい気持ちが自然に循環するのでしょう。おそらくそれが落ち込んだ気分を心の外に出し、新たな心のエネルギーを充填するのだと思います。まさに人間関係の治癒力ですね。

逆に、気の合わない人、なんとなく苦手な相手、つきあいにくい相手のそばにいると、緊張したり、体がこわばったりして、落ち着かないですよね。気を遣いすぎて、疲れてしまいます。

これらは日常の経験則として、誰でも感じていることと思います。

最新の心理学では、このメカニズムを、単なる気持ちの（主観的な）問題としてではなく、科学的に説明しようとしています。そして、心理療法やカウンセリングの過程を促す要因としても、重視されるようになってきました。

情動伝染、さらに

第四部では、最初に、心理療法における情動伝染の役割を考えてみましょう。

アメリカのブランドン・コールトら（二〇二〇年）は、ヒトの進化の過程における癒し

（heal）の機能を考察しています。[1] 狩猟採集社会での生活を想像してみてください。曰く、ヒトは、協力することで生殖適応度（reproductive fitness）を上げることができました。逆に、社会的排除（social exclusion）によって、辛い気持ち（emotional distress）になります。

その辛い気持ちを緩和し、人びとの結びつき（social connection）を回復するために、共感、情動伝染、思いやり（compassion）、慰める行動が生まれた、というわけです。

詳しく見てみましょう。

研究

ブランドン・コールトら（二〇二〇年）は、相手の気持ちを緩和するしくみについて、次のように述べています。[1]

ヒトは情動伝染によって、相手の苦痛（distress）を共有（sharing）します。次に、慰める側（consoler）に感情の自己調節（self-regulation of emotion）が生じます。

ここで興味深いことは、感情の自己調節は、苦痛を受けている当事者との対人感情の調節に先行して、生じることです。つまり、ヒトの体には、相手の苦痛を自分の体で感じて、それを緩和するしくみがあるのです。

こうして初めて、相手を慰める行動（comforting behavior）が可能になります。この苦痛の軽減を達成するための最も一般的な方法は、物理的な接近と触覚の使用（例えばグルーミング行動）です。ヒトが苦痛を感じたり、孤独を感じたり、恐怖や悲しみを経験したりしているときに、近くに集団のメンバーがいることで交感神経系の反応が低下するしくみがそうですね。

グルーミングされるという行為は、心拍数の低下、ストレス指標の減少、ときには眠りにつくことで示されるように、生理的にリラックスした状態になります。霊長類では、社会的グルーミングは、精神薬理学的環境に（関係へのコミットメントを高める）オキシトシンを放出することによって、すなわち信頼（trust）という心理的環境を作り出すことによって、集団関係を円滑にする役割を果たしていると思われます。

このように、苦悩している人を助けるしくみが、ヒトの心（mind and body）に備わっているのです。神経生物学的な報酬メカニズムは、たとえ慰めている側に一過性の苦痛があったとしても、苦痛の中にいる他者を慰めることを促進するようです。

つまり、他者の苦痛に敏感であることが、他者を慰める行動につながるのです。このことは、次のような乳児の追跡調査においても、明らかになってきました。次は、この本で紹介している研究の中で、私が三番目に興味深く感じた論文です。

苦痛に敏感であるほど、心優しい

研究

ドイツのトビアス・グロスマンらの研究（二〇一八年）です[2]。

六四名の乳児を追跡調査しました。七ヶ月時に、表情写真（喜び、怒り、恐怖、真顔）に対する視線を追跡し（eye tracking）、脳の活動をｆＮＩＲＳで計測しました。

そして一四ヶ月時に、援助行動をテストしました。これは、実験者がテーブルで絵を描いていて、ペンを落とし、乳児と目を合わせて「あ、私のペンが！」と言う設定です。乳児がペンを拾うかどうかを記録しました。

その結果、七ヶ月時で、恐怖顔を初めて見るときの注視時間が長く、その後、恐怖顔からの視線を逸らす時間が長いほど、一四ヶ月時の援助行動が多くなっていました。

…………

また、七ヶ月時に、左の背外側前頭前野（ｄｌＰＦＣ）の活動が高いほど、一四ヶ月時の援助行動が多くなっていました。

喜びや怒りではなく、恐怖に対する反応が、のちの援助行動を予測する点が、興味深いと思います。背外側前頭前野の活動は、扁桃体の抑制にかかわるので、恐怖を乗り越える力を意味します。

自律神経の同期ダンス

さて、相手の苦痛を、まず自分の体で感じて、緩和するしくみがあるという話は、ポルトガルの心理学者ヨアナ・コンティーノら（二〇一四年）のいう「自律神経の同期ダンス」（synchronized and dynamic autonomic dance）とよく似ています。[3] 曰く、カウンセリングのプロセスは、次のように説明できます。

・セラピストは（情動伝染を使って）クライエントの気持ちを、生理的レベルで受け止める

（empathy）
・セラピストは自分の交感神経の活動を緩和して、それを和らげる（modulation）
・それを（情動伝染を使って）クライエントに戻すことで、気持ちを和らげる（autonomic dance）

これは、精神分析家ビオン（Wilfred Bion）のいう消化モデル（digestive model）にも似ています。[4] すなわち、クライエントは摂取・消化できないものを排出します（これが症状）。セラピストは、赤ちゃんに固形物を食べさせるときのように、それを摂取・消化できるように、咀嚼して返します。

これが、セラピストの役割（analyst-as-mother）だというわけです。

気の合う人を信頼する

気の合う人は、本当に信頼し合い、助け合うのでしょうか。次の実験は、この本で紹介している研究の中で、私が四番目に興味深く感じた論文です。

研究

ドイツのフランク・ビアランスらの研究（二〇二〇年）です。[5]

一五二名の大学生（二三歳）が、見知らぬ同性の二人組になり、協力ゲーム（Prisoner's Dilemma game）に取り組みました。これは、それぞれ協力か裏切りか（cooperate versus defect）を選択し、「相手が協力・自分が裏切り」の場合に最大の報酬、「二人とも協力」で中程度の報酬、「二人とも裏切り」で最小の報酬となるゲームです。

この実験では、協力の程度をA～Fの六段階で選択しました。顔を見て選択する条件（face-to-face interactions）三〇試行と、顔を見ないで選択する条件（face-blocked condition）三〇試行を行いました。

その課題中の生理指標として、心拍数、皮膚伝導水準（skin conductance level）、大頬骨筋（zygomaticus major）、視線を、それぞれ心電図（electrocardiography）、皮膚電気活動（electrodermal activity）、筋電図（electromyography）、視線追跡眼鏡（eye tracking glasses）で測定しました。

その結果、対面条件は（非対面条件に比べて）、二人の心拍数と皮膚伝導水準が同期していました。そして、対面条件では、心拍数と皮膚伝導水準が同期しているほど、二人が得る報酬（cooperative success）が多くなっていました。

相手の表情を見ると同期する

日本でも、同様の研究があります。

研究

村田藍子氏らの研究（二〇二〇年）です。[6]

七八名の大学生（二〇・五歳）が、見知らぬ同性の二人組になり、痛みの感覚の実験に参加しました。

対面条件に割り当てられた参加者は、向かい合って座りました。最初に、二人で二分間、会話（「この週末はどのように過ごしましたか？」）をしてもらいました。次に、実験者は、お湯で各温度（四〇度～六五度）に熱したアルミニウム棒を、二人同時に右腕に当てました（ただし皮膚に損傷は生じません）。そのさい、参加者は、前方を見るように教示されました。これを一二試行、繰り返しました。

遮蔽条件に割り当てられた参加者は、向かい合って座りますが、小さな仕切りによって互いの表情は見えません。相手の右腕だけが見えました。

従属変数として、二人の心拍がどう変化するかを、左手の指先の容積脈波（blood volume pulse）で測定しました。

その結果、対面条件は（遮蔽条件に比べて）、二人の心拍数が類似していました。特に、二人のうちどちらかの自閉性指数（Autism-Spectrum Quotient）が小さいほど、その傾向は強くなりました。

また、容積脈波の反応が相対的に弱い参加者は対面条件で、相手の反応に合わせて心拍が上昇していくことがわかりました。これを非対称同期（asymmetric convergence）といいます。

何が生理的同期を促すのかについては、あとでもう一度考えたいと思います。

22 生理的同期が情動伝染を促す

心の状態は生理指標に現れる

アメリカのカーリーン・デティス＝レーベンらの研究（二〇二〇年）では、一組の夫婦が、心電図を付けながら、二三セッションの心理療法を受けました。[1]
その結果、治療的存在感（Therapeutic Presence Inventory）が大きいほど（「私のセラピストは私と一緒にその瞬間完全にそこにいてくれた」）、副交感神経の活動（high-frequency heart rate variability）が高くなっていました。興味深いことに、治療的存在感が大きいほど、交感神経（electrodermal activity）の活動も高くなっていました。これは、セッションの中で、強い情動が表現されるためだと考えられます。

生理的同期が情動伝染を促す

そして、生理的な状態が二人で一致することが、情動伝染を促すと考えられています。イタリアのヨハン・クラインバブ（二〇一七年）の系統的レビューにおいても、二人の生理的同期（interpersonal physiology）が情動伝染に関連していると、結論しています。[2]

研究

アメリカの Chen Kuan-Hua らの研究（二〇二〇年）を見てみましょう。[3]

一五六組の夫婦（夫五四・一歳、妻五二・八歳）が、長年の不一致（continuing disagreement）がある話題について一五分間、会話しました。

次に、研究者が、その録画を再生しながら、夫婦それぞれの感情の強度（intensity）を一秒毎に、三段階で評定（Specific Affect Coding System）しました。また、生理学的指標として、心拍数、皮膚コンダクタンス、指の脈拍振幅を測定しました。

その結果、夫婦がポジティブな感情を共有しているときに、夫婦の交感神経系の反応……は、（時間的なずれがなく）同時に類似することがわかりました。

情動的共感の高い聴き手は最強！

そして次は、この本で紹介している研究の中で、私が二番目に興味深く感じた論文です。

研究

アメリカのケイシー・ブラウンらの研究（二〇二〇年）です[4]。

一四〇名の女性（二五・二歳）が心理学の実験にやって来ました。彼女たちは、会場で無作為に（ただし同世代の見知らぬ者同士で）二人組になりました。まず、顔見知りになるために、二人組になって八分間、自由に話しました。そのあと、二人は話し手（experiencer）と聴き手（listener）に無作為に割り当てられました。

そして、話し手は、模擬面接課題（Trier Social Stress Test）を受けました。これは、男女二人の模擬面接官の前で二分間、自己紹介をしたあと、23,485から七ずつ引いていくという計算課題を一分間行うもので、かなり緊張する課題です。聴き手は、それをただ見守っていました。

続いて、一六分間の情動開示会話（emotion disclosure interaction）のフェイズです。聴き手が「情動カード」を一枚引き、話し手がその情動に関する体験を語ります。聴き手は「あたかも友だちと会話しているように自然に応答する」（respond naturally as if you were conversing with a friend）ように求められました。模擬面接と会話フェイズは録画されていました。

それが終わると、個別に分かれて、録画を再生し、自分の情動の不快・快（emotional valence）、そして相手の情動も推測して、「とてもネガティブ」から「とてもポジティブ」のスライダーで連続的に評定しました。毎秒ごとの数値について二人の相関係数（time lagged cross correlations）を算出し、共感精度の指標にしました。

また、上記の課題中に、話し手と聴き手の心電図（electrocardiography）を計測していました。その前駆出時間（pre-ejection period）を算出し、交感神経系（sympathetic nervous system）の反応の指標にしました。前駆出時間は値が小さいほど、交感神経系の反応が大きいことを意味します。さらに、回帰モデルを使って、話し手と聴き手の交感神経系の反応の類似度（physiological linkage）を算出しました。

この他に、参加者は、質問紙の情動的共感尺度（Balanced Emotional Empathy Scale）

にも回答しました。

結果はどうだったのでしょう。まず、情動的共感が高い聴き手は（情動的共感が低い聴き手と比較して）、交感神経系の反応が話し手と類似していた……となればよかったのですが、そうはなりませんでした。

その代わり、情動的共感尺度の高い聴き手は、交感神経系の類似度が高いほど、話し手の情動に対する共感精度が良いことがわかりました。逆に、情動的共感の低い聴き手は、交感神経の類似度が高いほど、共感精度は悪くなることもわかりました。

そして、不思議なことに、模擬面接課題中の話し手の交感神経系の反応は、聴き手の情動的共感が低い場合は、高かったのですが（これは通常の反応）、聴き手の情動的共感が高いと、低くなりました（緩衝効果）。

このとき、情動的共感の高い聴き手は（低い聴き手に比べて）、模擬面接を観察しているときに（「話し手が自己紹介しているのを見ていて、あなたはどのように感じましたか」）、ネガティブ感情が高くなっていました。

つまり、情動的共感の高い聴き手は、ブランドン・コールトら（二〇二〇年）のいうように[5]、まず相手の苦痛を自分の体で感じて、それを緩和することで、不思議なことに、それが相手に伝わって、相手の交感神経系の反応が和らぐのです。

これを、話し手の立場からいうと、聴き手の情動的共感の程度によって、自分の生理的な状態が変化するということです。不思議なことに、聴き手がただ見守っているだけの場合でも、そうなのです。聴き手なら誰でもよいわけではなく、どのような聴き手に話すかは、重要なポイントになりますね。

また、この結果は、二人の生理的な状態が類似するときに、共感精度が高くなることも示唆していました。このことは、別の研究でも報告されています（11「ホルモンなどの影響」を参照）。

共感のダークサイド

ただし、情動的共感の低い人が、相手と生理的状態が類似すると、苦しくなりすぎて、共感精度は下がっていくようです。

また、ダリル・キャヤメロンの「共感はハードワーク」という論文（二〇一九年）では、共感そのものが認知コストを伴う（認知資源を使う）ので、敬遠されやすいと報告しています。

研究

アメリカのダリル・キャメロンらの研究（二〇一九年）を見てみましょう[6]。五六名の大人（三八・三歳）が、共感選択課題（Empathy Selection Task）に取り組みました。これは、難民の子どもの写真を見て、その人物の外見（external features and appearance）について一文を書くか（objective deck）、その人の内面（internal experiences and feelings）について一文を書くかを（empathy deck）、自由に選択するものでした。全部で四〇試行ありました。

その結果、試行を追うごとに、内面課題を選択する割合は減りました。そして、「この作業はハードだった」と回答した人ほど、内面課題を選択する割合は少なかったのです。

確かに、疲労は大敵です。疲れていると、人に共感する余裕はなくなりますね。

アメリカのポール・ブルームは、共感（特に情動的共感）はスポットライトのようなものだと言います。[7] それは「注意」を狭めてしまうので、公共政策など、人を広く援助する動機には適さないだろう、という立場です。彼は、理性的な思いやり（rational compassion）のほうが適していると、主張しています。

ポール・ブルームの「反共感論」は、なかなか鋭い指摘だと思います。

研究

アメリカのエドワード・レメイJrらの研究（二〇二〇年）です。[8] 三〇〇名の大人（三四・四歳）が、「もしパートナーが（自分以外の）誰かに対して怒りあるいは腹立ちを感じていたら、どうするか」という、オンライン調査に参加しました。

その結果、「私たちの関係がずっと長く続くことを望んでいる」（対人親密性 interpersonal closeness）ほど、「パートナーが自分を正しいと感じるように、援助する」（応答性 responsiveness）ことがわかりました。

ここまでは、立派なことだと思います。

ところが、このように応答的（共感的）であるほど、「パートナーがその相手を悪く言うことについて、私も賛意を表明する」（否定承認 negativity validation）傾向があること、さらに、「『その相手の行動は変わりそうにないね』と、パートナーに言う」（enactment of negativity-validating behaviors）傾向も高いことがわかりました。

著者らは、この結果について、共感的な応答が、パートナーとその相手の紛争解決力を弱くしていく（undermine conflict resolution with others）のではないかと考察しています。

……………………………………………

23 心理療法における同期

フィンランドのヤーコ・セイックラら（二〇一五年）は、夫婦とセラピスト二名による集団療法（一事例）において、皮膚電気活動（electrodermal activity）を時系列で記録し、クライエントの気持ちの高まっている場合に、クライエントとセラピストの皮膚電気活動が同期していることを報告しました。[1] ちなみに、オープンダイアローグで有名なセイックラです。

同じく、フィンランドのアヌ・カルボネンら（二〇一六年）によると、その同期は、セラピスト同士（T1とT2）が最も高く、次いでセラピストとクライエント（PaulとT1）、クライエントである夫婦同士（PaulとLisa）は最も低くなっていました。[2]

そして著者らは、逆に、クライエントの不安が高まっている場合に、セラピストが落ち着いていることで（非同期）、クライエントが落ち着くこともありそうだ、と述べています。

研究

中国のZhang Yaらの研究（二〇二〇年）を見てみましょう[3]。

三〇名の大学生（二一・一歳）がクライエント役として、初心者のカウンセラー（二四・八歳）あるいは、六〇〇～四〇〇〇時間の経験のあるカウンセラー（三四・七歳）に、四〇分のカウンセリングを受けました。

そのあいだ、クライエントとカウンセラーの脳活動を、機能的近赤外分光法（ｆＮＩＲＳ）で計測しました。その結果、右の側頭頭頂接合部（ＴＰＪ）から、対人脳同期（interpersonal brain synchronization）のパターンが検出されました。

経験者は（初心者に比べて）、高い同期を示していました。また、クライエントがラポールを感じるほど（「カウンセラーは私のセラピーの目標設定を一緒にしてくれた」）、経験者のＴＰＪの対人脳同期は高くなっていました。

心理療法における同期現象は、さまざまな用語で述べられています。

ノルウェーのアーンスタイン・フィンセットら（二〇一七年）は、共感的共鳴（empathic resonation）が、共感のプロセスの最初にあるといいます[4]。

イタリアのヨハン・ローランド・クラインバブら（二〇二〇年）は、バイオフィードバックを取り入れると、より共感的になるのではないかと提案しています。[5]

スペインのエナラ・ガルシアら（二〇一八年）は、対人的身体同調（interpersonal bodily coordination）こそ、心理療法の治療同盟（therapeutic alliance）に重要だろうと述べています。[6]

アメリカのジャック・トレバー・フリードマン（二〇二〇年）も、非言語的同期（nonverbal synchrony）が、治療同盟に重要だと述べています。[7]

そして、オランダのサンダー・クールら（二〇一六年）も、心理療法における同期（synchrony）について考察しています。[8]

コラム

専門雑誌における特集

ここで、「カウンセリング心理学雑誌」（*Journal of Counseling Psychology*）第六七巻四号（二〇二〇年）の特集「New Approaches to Exploring Processes of Change in Counseling Psychology」を見てみましょう。

まず、サイガル・ジルチャ＝マノとファビアン・ラムゼヤーの巻頭言が掲載されています。[9]

そして、ドイツのヨハン・クラインバブら（二〇二〇年）は、心理療法やカウンセリング心理学における生理的同期の研究をレビューし、相互作用する個人がその生理的活動を相互調整（coregulate）するという一般的な原理を支持しています。[10]

また、イスラエルのサイガル・ジルチャ＝マノら（二〇二〇年）は、患者とセラピストのオキシトシンの変化が、セッションの経過とともに、同期していることを報告しました。[11]

イスラエルのエラン・バー＝カリファら（二〇二〇年）によると、患者とセラピストの毎回のセッションの情動経験を評定してもらい、改善したケースでは、クライエントとセラピストの共有感情経験（client-therapist shared emotional experience）が高いと報告しています。[12]

同じく、専門雑誌「サイコセラピー・リサーチ」（*Psychotherapy Research*）第三〇巻五号（二〇二〇年）の特集も、「Dyadic Processes In Psychotherapy」でした。ウォルフガング・チャハーらが編集しています。

例えば、アメリカのクリスティナ・ソマら（二〇二〇年）によると、セラピスト役とクライエント役の模擬面接において、両者の声の基本周波数（vocal fundamental frequency）を算出したところ、相互調整（coregulation）されていることがわかりました。[13]

心理療法における動作の同期

セラピストとクライエントの動作の同期に注目した研究も多いです。これは、スイスのファビアン・ラムゼヤーらが開発した、動作エネルギー解析（Motion Energy Analysis）というシステムを使うことが多いです。

例えば、松井博史ら（二〇二〇年）によると、一セッション中における、セラピストとクライエントの動作の同期のピークは、言語的に検討した（Motivational Interviewing Skill Code）面接の転換点（turning point）と重なりました。[14]

一方で、ドイツのウォルフガング・ルッツら（二〇二〇年）によると、[15]意外なことに、開始時における患者とセラピストの非言語的同期が低いほど、対人関係（Inventory of

Interpersonal Problems）の変化が早期に改善していました（潜在成長曲線モデル latent growth curves modeling による分析）。著者らは、「患者によって引き金を引かれた対人関係に、すぐに反応しないという、セラピストの能力を反映している可能性がある」と考察しています。

そして、これも少し意外ですが、スイスのファビアン・ラムゼヤー（二〇二〇年）によると、患者とセラピストの動作の同期は、セッションを重ねるごとに低下するのが自然なようです。[16]

これは当然の結果だと思いますが、ファビアン・ラムゼヤー（二〇二〇年）によると、クライエントのインテーク時点の精神症状（Brief Symptom Inventory）が重いほど、クライエントとセラピストの動作の同期は低いようです。[17]

同じく、スイスのウォルフガング・チャハーら（二〇一七年）は、同性の二人組が大学の授業料について話し合った録画（五分間）を動作解析したところ、ビッグファイブ性格の開放性（openness）が高いほど、動作の同期時間が長いことを報告しました。[18]

24 共感的理解

カール・ロジャーズが、カウンセラーの態度の三条件の一つとして、共感的理解（empathic understanding）をあげたことは、よく知られています。

岡村達也氏（二〇一九年）によると[1]、ロジャーズのいう共感的理解は、「可能なかぎりクライアントの内的照合枠に身を置くこと、クライアントが世界を見るとおりに世界を知覚すること、クライアントが自分自身を見るとおりにクライアントを知覚すること、そのときには外的照合枠からの全知覚を脇に置いておくこと」であり、「きわめて強い能動性／積極性を要請する」役割です。

これは、第二部で説明した認知的共感と情動的共感のうち、どちらに相当するでしょうか。

共感が「理解」を説明する言葉であることから、基本的には、認知的共感（視点取得）に相当すると考えられます。

ただし、クライエントの内的照合枠に能動的に入ったあと、そこで得られる知覚は、（こちらの照合枠を脇に置くという点でも）受動的ともいえます。情動的共感（共鳴）の過程が含まれている、そう考えることもできそうです。

コラム

感情移入と同情

ここで少しややこしいのは、日本語の共感には、「共感を覚える」「共感を呼ぶ」というように、受動的な現象も含んでいることです。日常的には、「共感しあう」というように、人と共鳴・共振する意味合いも含めて使われる言葉です。

しかし、英語の empathy は本来、能動的な態度を指します。Empathy の語義は、The ability to understand and share the feelings of another であり、相手の身になって理解する能力（putting yourself in someone's shoes）を意味します。

それゆえ、英語の empathy の訳として、「感情移入」を当てることもあります。

実際、一九八〇年まで、英語辞書における共感の訳語は「感情移入」でした。[2] ちなみに、empathy そのものが、ドイツ語の Einfühlung の訳語として登場した造語です。

さらにややこしいことに、英語には sympathy という言葉もあります。Sympathy の語義は、Feelings of pity and sorrow for someone else's misfortune であり、まさに「同情」「かわいそうに思う」といった意味です。ちなみに、sympathy が empathy よりも語源的に古く、もっとややこしいことに、当初は sympathy を empathy の意味で使っていたそうです。

さて、日本語の同情には、「同情を寄せる」など能動的な使い方もありますが、英語では、こちらにネガティブな感情が生じてきたという受動的なニュアンス、しかも、少し冷ややかです。

多次元共感性尺度のなかに、「自己指向的反応」という因子があります。[3]「他人の失敗する姿を見ると、自分はそうなりたくないと思う」「他人の成功を見聞きしているうちに、焦りを感じることが多い」という項目です。日本語でも、「同情なんてされたくない」という場合がありますね。

ただし、日本語は I と you を区別しないので、empathy も sympathy もどちらも、場の感情を共有しているのではないか、という指摘もあります。[4] 確かに、そうかもしれません。

コンパッション

一方で、日本語の同情には、「思いやり」や「いたわり」といった意味合いも含まれています。これは、多次元共感性尺度の他者志向的反応や、対人反応性指標の共感的関心と呼ばれてきました。

他者指向的反応の項目[3]

・人が頑張っているのを見たり聞いたりすると、自分には関係なくても応援したくなる。
・悲しんでいる人を見ると、なぐさめてあげたくなる。

共感的関心の項目(5)

・自分より不運な人たちを心配し、気にかけることが多い。
・誰かがいいように利用されているのをみると、その人を守ってあげたいような気持ちになる。
・自分が見聞きした出来事に、心を強く動かされることが多い。
・自分は思いやりの気持ちが強い人だと思う。

おそらく、これに近い英語は compassion でしょう。例えば、他者へのコンパッション（compassion for others）という質問紙があります(6)。

・他の人から悩みを相談されたときには、注意を払うようにしている。
・人が何も言わなくても動揺しているときに気がつく。
・人が自分の悩みを話してくれたときは、根気よく聞くようにしている。
・人が悩みを話してくれたときは、その状況についてバランスよく見るようにしている。
・もし誰かがつらい思いをしているところを見たら、その人を思いやるようにしている。

・私は、つらい思いをしている人びとのそばにいるのが好きだ。
・私は、不幸な人に対して心が痛む。
・他の人が悲しみを感じていたら、私はその人を慰めようとする。

そして、最近では、他者を実際に援助するには、コンパッションのほうが重要だと考える立場も出てきています。[7][8]

共感的理解、さらに

カール・ロジャーズの共感的理解に戻りましょう。

コラム

共感的な波長合わせ

イギリスのコリン・アグニュー（二〇二〇年）は、次のように述べています。[9]

「カール・ロジャーズのクライアント中心のアプローチには、積極的傾聴（active listening）、深い無条件の肯定的関心（deep unconditional positive regard）、共感的な波長合わせ（empathic attunement）、一致したミラーリング（congruent mirroring）、優しくじっと見つめること（a benevolent sustained eye contact）が含まれています。上記のすべてを完璧に調和させたうえで、組み合わせることで、二人称視点（a second person perspective）が生まれ、主観間意識（intersubjective consciousness）が高まる可能性を秘めた、高度に集中した瞑想的な出会い（a highly focused, concentrative and meditative encounter）となるでしょう」

著者はここで、共感的理解を「共感的な波長合わせ」と呼んでいます。後述する「波長合わせ」の概念を取り入れ、現代的なロジャーズ理解になっていると思われます。

研究

カナダのディヴィッド・ズロフらの研究（二〇一六年）です[10]。

一五七名のうつ病の患者が、二七名の博士レベルのセラピスト（四一・五歳、平均経験年数一一・三年）による、一六週のプログラム（Treatment of Depression Collaborative

Research Program）を受けました。

患者は、毎回のセッションのあとで、抑うつの程度（Beck Depression Inventory, Hamilton Rating Scale for Depression などの複合指標）を評定しました。また、二回目のセッションで、セラピストのロジャーズの三条件（Barrett-Lennard Relationship Inventory）について評価しました。その他、パーソナリティ特性の質問紙（Dysfunctional Attitudes Scale）にも回答しました。

その結果、どの患者もセッションごとに抑うつは減少していましたが、特に、ロジャーズの三条件の高いセラピストの患者が、良く回復したのです。

それは、自分に厳しい完全主義傾向（self-critical perfectionism）（「外見、知性、裕福、創造性がないかぎり、人は幸せになることは難しい」「もし私がミスをしたら、人はおそらく私を見下すだろう」）の低い患者、そして、つながり欲求（need for connection）の高い患者（「人から離れていると、きっと不幸せになっていく」「もし寄りかかる人がいないなら、きっと悲しくなる」）の場合に顕著でした。

心理療法における一致

ここでいう一致は、ロジャーズのいう一致ではなく、セラピストとクライエントの情動の一致のことです。

イスラエルのダナ・アジル＝スロニムら（二〇一八年）の研究によると、セラピストとクライエントの情動が不一致（incongruence）であると、次のセッションのクライエントの症状（Hopkins Symptom Checklist）の悪化を予測しました[11]。

同じくダナ・アジル＝スロニムら（二〇一九年）の研究においても、セラピストとクライエントのポジティブ情動が不一致（incongruence）であると、次のセッションのクライエントの症状（Hopkins Symptom Checklist）の悪化を予測しました[12]。

これらは当然の結果といえるでしょう。

情動の一致は、第二部で述べた「共感精度」と言い換えることもできます。共感精度は、心理療法の成果（outcome）に影響します。

研究

アメリカのアリス・コウインら（二〇二〇年）の研究です[13]。

全般性不安障害（generalized anxiety disorder）の診断基準を満たす八五名が、一四回の認知行動療法のセッションを受けました。

クライエントは、毎回のセッションのあとに、効果期待（「セラピー期間の終わりまでに、あなたの不安症状はどの程度の改善があなたに生じていると感じますか」）を、〇～一〇〇パーセントで評定しました。セラピストも、クライエントがどのように回答するかを推測して、評定しました。

その結果、クライエントの回答とセラピストの推測が重なる（a high degree of convergence）ほど、不安症状（Penn State Worry Questionnaire）は低減していました。

とはいえ、共感精度が難しいクライエントもいます。

研究

イスラエルのガル・ラザラスらの研究（二〇一九年）です[14]。

大学の外来クリニックで個人心理療法を受けているクライエント九七名（四一・三歳）が、毎回のセッション（平均二五回）の直後に、一八個の気分について五段階で評定し（Profile of Mood States）、ポジティブ情動（contentment, vigor, and calmness）とネガティブ情動（depression, anxiety, and anger など）の得点に集約しました。

セラピストも、クライエントの気分を推測して、同様に評定しました。両者の相関係数を、追跡精度（tracking accuracy）としました。また、クライエントごとに、連続する回の気分の差を二乗して、各回分で平均し、平方根を取った値を、気分の変動（emotional fluctuation）の指標としました。

その結果、クライエントの気分の変動が大きいほど、セラピストの追跡精度（共感精度）は低くなりました。

25 何が生理的同期を促すのか？

恋人同士は睡眠段階が同期する

ここからは、何が生理的同期を促すかを見ていきましょう。次の研究は、（この本で紹介している研究の中で）私がいちばん興味深く感じた論文です。

研究

ドイツのヘニング・ヨハネス・ドレウスらの（二〇二〇年）研究です。[1]

二四名の参加者（二三・五歳）が、恋人同士で実験室にやって来ました。そして、別々に一人で寝るときと、二人で並んで寝るときの、睡眠脳波（polysomnography）を測定しました。

その結果、共同睡眠群（co-sleeping）は（個別睡眠群と比較して）、レム睡眠が約一〇％増加し、レム睡眠の中断（disruption）が減少し、乱れのない（undisturbed）レム睡眠が増加し、四肢の運動が増加していました。

また、睡眠段階の同期（sleep-stage synchronization）を交差再帰定量化解析（cross-recurrence quantification analysis）で計算してみると、睡眠アーキテクチャは、共同睡眠群は（個別睡眠群に比べて）、恋人同士で同期していることが、わかりました。そのさい、睡眠アーキテクチャは、プラスマイナス五分以内のラグで有意に同期していました。

しかも、二人の関係の質（Quality of Relationship Inventory）が深いほど（「この関係はあなたの人生にとってどれくらい重要ですか？」）、共同睡眠群における睡眠同期は増加していたのです。


つまり、恋人同士であれば、相手を意識する必要さえなく、ただ一緒に寝ているだけで、レム睡眠のメカニズムを通して、自然に生理的同期が生じるのです。しかも、相性（関係の質）が良いほど、そうなのです！

レム睡眠にこのようなソーシャルな意味があることは、睡眠研究にとっても興味深いと思います。

そして、韓国のYoon Heenamら（二〇一九年）も、同様の結果を報告しています。[2]

また、アメリカのテイラー・エルシーら（二〇一九年）は、一七九名の夫婦（男性四〇歳、女性三八歳）に、七日間の睡眠記録を付けてもらいました。[3] その結果、女性においては、一緒に寝ている時間（sleep concordance）が短いと、愛着（Spousal Attachment Styles Questionnaire）の安全感（secure attachment）が低いほど、睡眠の質（「あなたが目を覚ましたとき、どれくらい休めてリフレッシュできたでしょうか？」）が悪化することがわかりました。

アイコンタクト

このような生理的な同期現象は、おそらく生得的に備わっていると思われます。

それでは、何が生理的同期を促すのでしょうか？　その鍵の一つが、アイコンタクトです。

研究

久保下亮氏らの研究（二〇二〇年）を見てみましょう。[4]

四六名の子ども（八・五歳）と母親（四〇・二歳）に実験室に来てもらい、テーブルゲーム（*HABA Keep it Steady Game*）で一緒に遊んでいるところを、録画しました（五分～一五分）。そして、研究者がその録画を見て、相手に視線を向ける頻度と、アイコンタクトが成立した頻度を数えました。

そのあとで、母子は個別に、ＭＲＩスキャナーの中で、「起きたまま目を閉じて、特に何も考えないでいる」ように教示され、安静時の脳活動（resting-state fMRI）を測定しました。

その結果、アイコンタクトの頻度が多いほど、子どもの右の島皮質の前部（ＡＩ）、母親の前帯状皮質（ＡＣＣ）が活動していました。

島皮質の前部、帯状皮質の前部は、情動的共感の脳でしたね。

これらは、自分の身体感覚を処理しながら、無意識の脳を目覚めさせるスイッチ的な役割をする脳（気づきネットワーク salience network）ともいわれます。久保下亮氏らは、母子の絆の構築に、このネットワークが重要な働きをすると示唆しています。

研究

アメリカのエリース・ピアッツァらの研究（二〇二〇年）です。[5]一八名の乳児（一一・三ヶ月）に実験室に来てもらい、五分間、見知らぬ実験者が、おもちゃのセットで遊んだり、童謡を歌ったり（singing nursery rhymes）、絵本（*Goodnight Moon*）を読み聞かせたりしました。

一緒条件（together condition）では、乳児は母親の膝に座り、実験者と向かい合ってやりとりしました。距離条件（apart condition）では、実験者は乳児から九〇度を向き、別の大人と上記のやりとりをしました。乳児は母親と静かに座っていました。

乳児と実験者の脳をｆＮＩＲＳで同時に計測したところ、一緒条件は（距離条件に比べて）、前頭前野の活動（脱酸素ヘモグロビン濃度）が同期していました。

興味深いことに、乳児の前頭前野活動が、大人に比べて、わずかに先行していた場面もあったそうです。

場の盛り上がりを測る

場の雰囲気や盛り上がりを、数値で客観的に表すことができたら、おもしろいですね。

瀬島吉裕氏ら（二〇一六年）は、二人が会話している音声データから、場の盛り上がりを計算するモデル（interaction-activated communication model）を開発しました[6]。

サンプリング周波数三〇Hzで、会話の音圧が閾値を超えたかどうかで二値化し、それが部屋に発散され、対流熱伝達するかのような方程式で、場の盛り上がりを推定します。

その結果、モデルによる推定値は、主観評定による盛り上がりの程度と、よく一致していました。

視点取得が生理的同期を促す

生理的同期を促すもう一つの鍵は、視点取得（認知的共感）です。

研究

アメリカのベンジャミン・ネルソンらの研究（二〇一七年）です[7]。一〇三組の恋人同士（二一・三歳、平均交際期間一・九年）が実験室にやって来て、葛藤解決セッション（conflict resolution session）に参加しました。

彼らは、パートナーの視点に立つ（視点取得条件）、葛藤にマインドフルにアプローチする（マインドフルネス条件）、葛藤に関する自分の思考や感情に集中する（コントロール条件）の三つのいずれかが教示されました。

また、ストレス反応の指標として、自律神経系の活動を測定するために、唾液アミラーゼ（salivary alpha-amylase）を収集しました。そして、質問紙でも、対人反応性指標（Interpersonal Reactivity Index）の視点取得（「私はときどき、物事が相手の視点からどのように見えるかを想像することによって、パートナーをもっと理解しようと努力する」）を、五段階で評定しました。

マルチレベル・モデリングを行った結果、視点取得条件においては（他の条件に比べて）、葛藤解決セッションの過程で、自律神経の同期（attunement）が高いことが明らかになりました。さらに、視点取得条件の女性は、質問紙で測定した視点取得が高いほど、同期を高めていました。

視点取得が上手にできると、生理的同期も生じやすいし、他者からの助けも得られやすいのだと考えられます。

そして、視点取得や共感的関心は、メンタルヘルスにもプラスに働くようです。

研究

中国のHuang Heqingら（二〇二〇年）の研究を見てみましょう[8]。

四三四八名の幼稚園教諭（三〇・〇歳）に、対人反応性指標（Interpersonal Reactivity Index）と精神症状（The Symptom Checklist 90）を調査しました。

その結果、想像性尺度や個人的苦痛はメンタルヘルスを悪化させ、共感的関心や視点取得はメンタルヘルスを緩和することが示唆されました。

26 波長合わせと共鳴

波長合わせを基本とする心理療法

セラピストがクライエントと気持ちを合わせることを、波長合わせ（attunement）といいます。情動調律（emotional attunement）と呼ぶこともあります。

アメリカのフランセス・クエヴァス・ラクソン（二〇二〇年）は、ダンスセラピーで、他者をミラーリング（mirroring）することが、波長合わせと右脳の活動を通して、安全な愛着（secure attachment）をつくる、と述べました[1]。

アメリカのルース・ニュートン（二〇二〇年）は、妊娠の最後の三ヶ月から生後二〜二・

五歳が、初期の生物学的引き込み期間（primary biological entrainment period）に相当すると考えています。[2] すなわち、この時期の波長の合ったコミュニケーション（attuned communication）が、脳の発達、安全な愛着、情動調節（emotion regulation）を促すのです。

イギリスのロバート・エリオットら（二〇一八年）は、八二の論文をメタ分析した結果、共感が心理療法の成果に与える影響は、相関係数.28であると結論しました。[3] 著者らは共感を、共感的ラポール（empathic rapport）、コミュニケーションの波長合わせ（communicative attunement）、パーソン共感（person empathy）に分類しています。このうち、「コミュニケーションの波長合わせ」は、情動的共感に近い概念だと思われます。

また、ダニエル・シーゲル（二〇一〇年、二〇一九年）は、「他者に波長を合わせること（attuning to others）、二人をひとつの全体としてつなぐような深い冒険に開かれていく」「共鳴（resonance）は、私たちがより大きな全体性の一部であるという深い現実を明らかにする」と書きました。[4][5]

さらに、サーシャ・ストロング（二〇一九年）は、瞑想的な心理療法（contemplative psychotherapy）によって、恐れずに波長合わせをできる（attune fearlessly to the mutual dyadic resonance）といいます。[6]

そして、イタリアのアレサンドロ・ジェナーロら（二〇一九年）は、セラピーの過程を学派から独立して説明するものとして、身体化（embodiment）を挙げました。[7]

共鳴を基本とする心理療法

セラピストとクライエントの波長合わせが自然に生じることを、共鳴と呼びます。

イレーネ・シーゲル（二〇一七年、二〇一九年）のトランスパーソナルなセラピーでは、[8][9]セラピストは大いなる力に波長を合わせ（attunement to a Divine force）、直感（intuitive skills）を使って、エネルギー場の微細な変化をモニターします（monitor subtle shifts in the energy field）。彼女は、これをスピリチュアル共鳴（spiritual resonance）と呼びました。

トビン・ハートら（二〇一九年）は、深い共感は、次の五つのテーマが複合したものだといいます。[10]すなわち、境界の薄さ（boundary permeability）、身体化された知（embodied knowing）、拡張的なスピリチュアルな同一化（expansive spiritual identifications）、反応 vs 応答（reacting versus responding）、共鳴的な知を発展・統合するためのいくつかの鍵（various keys to developing and integrating resonant knowing）です。

交差と心理療法

次のような場面を想像してみましょう。

「暑い炎天下の夏の日に、私は砂浜を、ビジネススーツを着たまま歩いていた。砂浜は歩きにくいと感じていた。砂が靴の中に入ってくる。風が吹くと、砂は容赦なく服に降りかかってくる。子供達が波打際で遊んでいる声が聞こえてきた。だけど、私はまっすぐに歩き続けた。私は喉が乾き、周りを見回した。遠くの通りに飲料の自販機が見えた。『だけど遠いな』と思った。私はただ、そこに立ち尽くし、どうしようかと考えていた」

これは、池見陽氏（二〇一七年）の交差（crossing）を体験する課題です[11]。皆さん、このイメージを追体験（Re-Experiencing, Nacherleben）してみましょう。波の音、カモメの鳴き声、磯の香り、肌を流れる汗の感覚、砂浜にある貝殻や海藻、遠くの通りを通る自動車、さらに先の木々、そして焼きそばを焼くおばちゃんまで、さまざまに見えて（感じられて）くるでしょう。

これこそ、セラピストに求められる力です。その先に、クライエントの体験と交差する世界があります。

私は、ロバート・エリオットら（二〇〇四年）の情動焦点化療法（emotion-focused therapy）にも、追体験（交差）に似た部分があると思います。[12]

そこでは、セラピストが意識的に、共感的共鳴（empathic resonance）の状態になることが重要です。すなわち、セラピストは、手放す（letting go）、入り込む（entering）、共鳴する（resonating）、見つけ出し選ぶ（searching and selecting）、つかみ表現する（grasping and expressing）練習をしていくのです。

精神分析でいうと、ベアトリス・ビービー（二〇〇二年）の相互交流的調制（interactive regulation）[13]、そして、フィリップ・ブロムバーグ（二〇一一年）の関係的無意識（relational unconscious）[14]も、交差に似た部分があると思います。

27　右脳の働き

心理療法の右脳仮説

最後に、アラン・ショア（二〇一四年、二〇二〇年）の提唱する、心理療法の右脳仮説を見ておきましょう[(1)(2)]。

曰く、右脳（right brain）は、情動の情報や対人的相互作用を、非言語的・暗黙的・全体的に処理すること（nonverbal, implicit, holistic processing of emotional information and social interactions）に優れている。そして心理療法は、セラピストとクライエントの右脳同士のつながりで変化していく、というわけです。ややシンプルすぎる気もしますが、なかなか興味深いです。

確かに、脳は右半球（right hemisphere）と左半球に分かれており、機能的にある程度の分化（lateralization）があると考えられています。[3][4] もちろん、これらは、ニュージーランドのマイケル・コーバリスが戒めるように、人を「右脳型」（right-brained）に分類するという話ではありません。[5]

右脳と情動

例えば、佐藤弥氏らの研究（二〇〇六年）では、怒り顔（angry face）を左視野（visual field）に瞬間呈示（二五ミリ秒）すると、右視野に呈示する場合に比べて、その後に呈示される無意味な記号を、ネガティブなイメージと評定しました。[6] これは、ネガティブな表情が、主に右脳で処理されることを意味します。

ドイツのディナ・ウィトフォスらの研究（二〇一七年）においても、顔写真を判断する（画面中の位置を判断する）課題において、左視野に呈示（一秒）すると、中央や右視野に呈示する場合に比べて、反応時間が早くなっていました。[7] ただし、ｆＭＲＩ測定の結果、右の扁桃体は、中央呈示のときに最も活動していました。

ドイツのミロシュ・スタンコヴィチら（二〇二〇年）も、顔写真（情動有り fearful, angry, disgusted, sad, happy, and surprised か、無し neutral face か）を判断する課題において、左視野に呈示（一七〇ミリ秒）すると、右視野に呈示する場合に比べて正確でした[8]。ところが、恐怖映画（*The Shallows*）を七分間観賞した後では、顔写真を右視野に呈示したほうが、左視野に呈示する場合に比べて正確でした[9]。これは、動画を観賞することで、左右の脳を同等に使うようになったためと考えられます（半球機能等価モデル hemispheric functional-equivalence model）。

また、オーストラリアのメリタ・ジュマッラらの研究（二〇一八年）では、質問紙で測定した「痛みに対する共感性」（Empathy for Pain Scale）が高いほど、怒り顔を見たときに、右の島皮質の活動が高く、悲しい顔を見たときに、左の中前頭回（middle frontal gyrus）の活動が低くなりました[10][11]。

瞑想者の脳

瞑想者の脳活動を調べる研究においても、右脳が注目されています。

・座禅（sitting meditation）を週に一六時間している熟練者（expert meditators）は、未経験者に比べて、鈴の音にマインドフルに集中するとき（focus their attention on the [meditation bowl] tone in a mindful manner）、右半球の活動、特に右の側頭頭頂接合部（ＴＰＪ）が活性化していました。[12]

・チベット仏教（Tibetan traditions, Nyingmapa and Kagyupa）の瞑想を一万～五万時間している熟練者は、慈悲瞑想（loving kindness meditation）をしながら、情動を喚起する音（International Affective Digitized Sounds）を聞いているときに、右の側頭頭頂接合部（ＴＰＪ）が活性化していました。[13]

・メタ分析の結果、コンパッション瞑想(compassion, loving-kindness meditation)によって、右の島皮質の前部（ＡＩ）などが活性化していました。[14]

右脳の側頭頭頂接合部が、一つの鍵になりそうです。そこで、次のような研究があります。

研究

アメリカのヨナス・ミラーらの研究（二〇二〇年）です[15]。四一名の青年（二一・四歳）が、反復経頭蓋磁気刺激（ｒＴＭＳ）で、右の側頭頭頂接合部（ＴＰＪ）の活動を低下させたのち、悲しい映画（*The Champ*）を二分三九秒、観ました。

その結果、右の側頭頭頂接合部を低下させると（頭頂部を低下させる場合に比べて）、いらいらした気分（annoyed/irritated）が多く、思いやりの気持ち（compassion/sympathy）が少なかったのです。

とはいえ、もちろん、右半球だけが瞑想に関連するのではありません。

ドイツの Yang Chuan-chih ら（二〇一九年）によると、一四名のスペイン人の大学生（二四・五歳）が、マインドフルネス瞑想の練習を四〇日間（四二三・四分）行ったところ、左の楔前部（precuneus）と左の上頭頂小葉（superior parietal lobule）の皮質厚が増していました[16]。

心理療法とテレパシー

セラピストは、心理療法をしていると、ときどきテレパシー的な体験をするようです。

アメリカの精神分析家ジャニー・デ・パイヤー（二〇一六年）は、セッション中に、クライエントにとって重要な地名が、心にぱっと浮かんだと言います[17]。患者とセラピストの間にはテレパシー的なコミュニケーションが働くのではないか、というわけです。

あるセラピストは、面接前に瞑想していると、小さな男児が息苦しくなっている感覚とビジョンが浮かびました。新規の男性クライエントが二時間後に訪れ、息子が週末にまさに窒息しそうになった話をしました[18]。

シャロン・ファーバー（二〇一七年）は、精神分析でいう投影性同一視（projective identification）は、テレパシー的なコミュニケーションとしても理解できるのではないか、と述べています[19]。

そして、テレパシー的な体験は、クライエントの側にも生じるようです。アンソニー・バス（二〇一九年）によると、あるクライエントは、バスの妻が四ヶ月前に流産したことを、「まさにわかっていた」（just knew）と言いました。[20] 確かに、クライエントはセラピストのことを見抜いているものです。

精神分析家で超常現象に関心をもった人として、エリザベス・ロイド・メイヤーがいます。[21] 彼女は、娘の大切なハープが盗まれたとき、ダウジングをする人（dowser）に依頼して、無事に発見できた話を、著書に書きました。

アメリカの超心理学者ブライアン・ウィリアムズ（二〇一二年）は、感覚外知覚（extrasensory perception）に右脳が貢献している可能性（a possible right hemispheric contribution）を示唆しています。[22] はたしてどうなのでしょう。興味は尽きません。

もし心理療法が右脳をよく使い、テレパシーも右脳に関連するなら、このようなパラノーマルなことが起こっても、不思議ではないかもしれません。

皆さんは、どう思いますか？

エピローグ

この本では、共鳴を「共感しあう心」と捉え、相手のことをパッと感じ取る（薄切り判断）、相手の気持ちを正確に捉える（共感精度）、気持ちが伝わるメカニズム（情動伝染）、そして、心理療法における波長合わせ（attunement）の役割などについて述べました。

人は、言語の起源（約七万年前）以前にも、何らかの癒しの行動を行なっていたと想像されます。それがおそらく、心理療法の源流なのでしょう。第四部の始めに書いたように、私は、一緒にいて元気をもらえるようなメカニズムを、心理療法の基本だと考えています。相手は誰でもよいわけではなく、相性の良い人同士でこそ、元気になれるのだと思います。

共鳴は resonance ですが、英語で resonating ～というと mind ではなく、body と続くのが自然なようです。つまり、共感研究は身体をベースにした研究として発展しています。伊藤亜紗氏の『手の倫理』（講談社）には、目の見えないランナーと目の見える伴走者が、一本のロープを介して走るなかで、あらゆることが伝わりあう様子が書かれてありました。私にとっては、生命のリズムの不思議さに触れるような研究領域です。

　この本は、二〇二二年度に開講する専門科目「共感を科学する」の教科書として書きました。心理学の基本的な説明などを省略しているところもあり、心理学部の学生以外の皆さんには、少し難しかったことと思います。すみません。

　冒頭で述べたように、本書は『共感する心の科学』の続編にあたります。『共感する』では、二〇一二年までの研究を紹介しました。今回はそれ以降、特に二〇一六年以降の共感研究を中心に紹介しました。研究紹介だけの本は、他人の「ふんどし」で相撲を取っているようなところがあり、恥ずかしい思いもあるのですが、私なりに思い入れもあります。

　昔話になりますが、私が心理学を学び始めた三〇年ほど前、『対人社会心理学重要研究集』（誠信書房）というシリーズが刊行されていました。これは、一つ一つの論文を数ページでコンパクトに紹介しているもので、読者がオリジナルの論文に直接あたった感じをもてるように、工夫されていました。

　当時はインターネット検索もオンラインジャーナルもないので、論文を探すこと自体が労力のいる作業でした。さまざまな論文を読もうと思ったら、図書館の書庫に入り浸って、論文を芋づる式に探しては、コピーを繰り返すしかありません。先行研究を知っていること自体が、すごかった時代なのです。『対人社会心理学重要研究集』は、私にとって貴重な情報源でした。

論文を探して読むことは、今や自宅でできる作業になりました。便利な時代です。とはいえ、心理学を学び始めた学部生にとっては、本書のような研究紹介でも、何かの役に立つのではないか……そう思って、執筆した次第です。

最後になりましたが、風間書房の風間敬子さんには、いつも私のわがままを聞いていただき本当に感謝しています。ありがとうございました。

串崎真志

二〇二一年四月

therapist/patient relationship. *Psychoanalytic Inquiry*, *39*, 189-197.
(21) Mayer, E. L. (2007). *Extraordinary knowing: Science, skepticism, and the inexplicable powers of the human mind.* New York: Bantam Books.
(22) Williams, B. J. (2012). Extrasensory perception and the brain hemispheres: Where does the issue stand now? *NeuroQuantology*, *10*, 350-373.

読書案内

浅場明莉 (2017). 自己と他者を認識する脳のサーキット　共立出版
リサ・フェルドマン・バレット、高橋洋訳 (2019). 情動はこうしてつくられる　紀伊國屋書店
ポール・ブルーム、高橋洋訳 (2018). 反共感論　白揚社
ジャン・デセティ、ウィリアム・アイクス、岡田顕宏訳 (2016). 共感の社会神経科学　勁草書房
源河亨 (2021). 感情の哲学入門　慶應義塾大学出版会
ジョアン・ハリファックス、海野桂訳 (2020). コンパッション　英治出版
ハーバード・ビジネス・レビュー編集部 (2018). 共感力　ダイヤモンド社
菊水健史 (2019). 社会の起源　共立出版
三國牧子・本山智敬・坂中正義編著 (2015). 共感的理解　創元社
野村亮太 (2021). 舞台と客席の近接学　dZERO
櫻井茂男 (2020). 思いやりの力　新曜社
嶋田総太郎 (2019). 脳のなかの自己と他者　共立出版
田中彰吾 (2017). 生きられた〈私〉をもとめて　北大路書房
ダン・ザハヴィ、中村拓也訳 (2017). 自己と他者　晃洋書房

(11) Giummarra, M. J., Fitzgibbon, B. M., Georgiou-Karistianis, N., Beukelman, M., Verdejo-Garcia, A., Blumberg, Z., ... Gibson, S. J. (2015). Affective, sensory and empathic sharing of another's pain: The Empathy for Pain Scale. *European Journal of Pain*, *19*, 807-816.

(12) Gundel, F., von Spee, J., Schneider, S., Haeussinger, F. B., Hautzinger, M., Erb, M., ... Ehlis, A. C. (2018). Meditation and the brain-neuronal correlates of mindfulness as assessed with near-infrared spectroscopy. *Psychiatry Research: Neuroimaging*, *271*, 24-33.

(13) Lutz, A., Brefczynski-Lewis, J., Johnstone, T., & Davidson, R. J. (2008). Regulation of the neural circuitry of emotion by compassion meditation: Effects of meditative expertise. *PLOS ONE*, *3*, e1897.

(14) Fox, K. C., Dixon, M. L., Nijeboer, S., Girn, M., Floman, J. L., Lifshitz, M., ... Christoff, K. (2016). Functional neuroanatomy of meditation: A review and meta-analysis of 78 functional neuroimaging investigations. *Neuroscience & Biobehavioral Reviews*, 65, 208-228.

(15) Miller, J. G., Xia, G., & Hastings, P. D. (2020). Right temporoparietal junction involvement in autonomic responses to the suffering of others: A preliminary transcranial magnetic stimulation study. *Frontiers in Human Neuroscience*, *14*, 7.

(16) Yang, C. C., Barrós-Loscertales, A., Li, M., Pinazo, D., Borchardt, V., Ávila, C., & Walter, M. (2019). Alterations in brain structure and amplitude of low-frequency after 8 weeks of mindfulness meditation training in meditation-naïve subjects. *Scientific Reports*, *9*, 1-10.

(17) de Peyer, J. (2016). Uncanny communication and the porous mind. *Psychoanalytic Dialogues*, *26*, 156-174.

(18) Suchet, M. (2016). Surrender, transformation, and transcendence. *Psychoanalytic Dialogues*, *26*, 747-760.

(19) Farber, S. K. (2017). Becoming a telepathic tuning fork: Anomalous experience and the relational mind. *Psychoanalytic Dialogues*, *27*, 719-734.

(20) Bass, A. (2019). Ordinary unconscious communication in the

(2) Schore, A. N. (2020). Forging connections in group psychotherapy through right brain-to-right brain emotional communications. Part 1: Theoretical models of right brain therapeutic action. Part 2: Clinical case analyses of group right brain regressive enactments. *International Journal of Group Psychotherapy*, *70*, 29-88.
(3) Bartolomeo, P., & Malkinson, T. S. (2019). Hemispheric lateralization of attention processes in the human brain. *Current opinion in Psychology*, *29*, 90-96.
(4) Gainotti, G. (2019). Emotions and the right hemisphere: Can new data clarify old models? *The Neuroscientist*, *25*, 258-270.
(5) Corballis, M. C., & Häberling, I. S. (2017). The many sides of hemispheric asymmetry: A selective review and outlook. *Journal of the International Neuropsychological Society*, *23*, 710-718.
(6) Sato, W., & Aoki, S. (2006). Right hemispheric dominance in processing of unconscious negative emotion. *Brain and Cognition*, *62*, 261-266.
(7) Wittfoth, D., Preibisch, C., & Lanfermann, H. (2017). Processing of unattended emotional facial expressions: Correlates of visual field bias in women. *Frontiers in Neuroscience*, *11*, 443.
(8) Stanković, M. (2020). A conceptual critique of brain lateralization models in emotional face perception: Toward a hemispheric functional-equivalence (HFE) model. *International Journal of Psychophysiology*.
(9) Stanković, M., & Nešić, M. (2020). Functional brain asymmetry for emotions: Psychological stress-induced reversed hemispheric asymmetry in emotional face perception. *Experimental Brain Research*, *238*, 2641-2651.
(10) Giummarra, M. J., Poudel, G., Niu, P. A., Nicholls, M. E., Fielding, J., Verdejo-Garcia, A., & Labuschagne, I. (2018). Emotion processing in persons who respond vicariously towards others in pain: Disinhibited left-lateralized neural activity for threatening expressions. *Laterality: Asymmetries of Body, Brain and Cognition*, *23*, 184-208.

neurobiology framework for understanding and cultivating mental health. *Psychology and Psychotherapy: Theory, Research and Practice*, *92*, 224-237.
(6) Strong, S. D. (2019). Contemplative psychotherapy: Clinician mindfulness, Buddhist psychology, and the therapeutic common factors. *Journal of Psychotherapy Integration*. [Advance online publication]
(7) Gennaro, A., Kleinbub, J. R., Mannarini, S., Salvatore, S., & Palmieri, A. (2019). Training in psychotherapy: A call for embodied and psychophysiological approaches. *Research in Psychotherapy: Psychopathology, Process and Outcome*, *22*, 333-343.
(8) Siegel, I. R. (2017). *The sacred path of the therapist: Modern healing, ancient wisdom, and client transformation*. New York: W. W. Norton.
(9) Siegel, I. R. (2019). Spontaneous awakening in transpersonal psychotherapy. *Journal of Transpersonal Psychology*, *51*, 198-224.
(10) Hart, T., & Ingle, M. (2019). The (deep) end of empathy. *Journal of Humanistic Psychology*, 0022167819853107.
(11) Ikemi, A. (2017). The radical impact of experiencing on psychotherapy theory: An examination of two kinds of crossings. *Person-Centered & Experiential Psychotherapies*, *16*, 159-172.
(12) Elliott, R., Watson, J. C., Goldman, R. N., & Greenberg, L. S. (2004). *Learning emotion-focused therapy: The process-experiential approach to change*. Washington, DC: American Psychological Press.
(13) Beebe, B., & Lachmann, F. M. (2002). *Infant research and adult treatment: Co-constructing interactions*. Hillsdale, NJ: The Analytic Press.
(14) Bromberg, P. M. (2011). *The shadow of the tsunami and the growth of the relational mind*. New York, NY: Routledge.

27 右脳の働き

(1) Schore, A. N. (2014). The right brain is dominant in psychotherapy. *Psychotherapy*, *51*, 388-397.

associations. *Journal of Sleep Research*, *28*, e12825.
(4) Kuboshita, R., Fujisawa, T. X., Makita, K., Kasaba, R., Okazawa, H., & Tomoda, A. (2020). Intrinsic brain activity associated with eye gaze during mother-child interaction. *Scientific Reports*, *10*, 18903.
(5) Piazza, E. A., Hasenfratz, L., Hasson, U., & Lew-Williams, C. (2020). Infant and adult brains are coupled to the dynamics of natural communication. *Psychological Science*, *31*, 6-17.
(6) 瀬島吉裕・小野光貴・渡辺富夫（2016）. 場の盛り上がり推定モデルを用いた視線インタラクションを支援する音声駆動型身体引き込みキャラクタシステム　日本機械学会論文集, *82*, 16-00114.
(7) Nelson, B. W., Laurent, S. M., Bernstein, R., & Laurent, H. K. (2017). Perspective-taking influences autonomic attunement between partners during discussion of conflict. *Journal of Social and Personal Relationships*, *34*, 139-165.
(8) Huang, H., Liu, Y., & Su, Y. (2020). What is the relationship between empathy and mental Health in preschool teachers: The role of teaching experience. *Frontiers in Psychology*, *11*, 1366.

26　波長合わせと共鳴

(1) Lacson, F. C. (2020). Embodied attunement: A dance/movement therapy approach to working with couples. *Body, Movement and Dance in Psychotherapy*, *15*, 4-19.
(2) Newton, R. P. (2020). Scaffolding the brain: Infant parent psychotherapy during the primary biological entrainment period. *Journal of Infant, Child, and Adolescent Psychotherapy*, *19*, 56-70.
(3) Elliott, R., Bohart, A. C., Watson, J. C., & Murphy, D. (2018). Therapist empathy and client outcome: An updated meta-analysis. *Psychotherapy*, *55*, 399-410.
(4) Siegel, D. (2010). *The mindful therapist*. New York, NY: W. W. Norton.
(5) Siegel, D. J. (2019). The mind in psychotherapy: An interpersonal

(10) Zuroff, D. C., Shahar, G., Blatt, S. J., Kelly, A. C., & Leybman, M. J. (2016). Predictors and moderators of between-therapists and within-therapist differences in depressed outpatients' experiences of the Rogerian conditions. *Journal of Counseling Psychology*, *63*, 162-172.
(11) Atzil-Slonim, D., Bar-Kalifa, E., Fisher, H., Peri, T., Lutz, W., Rubel, J., & Rafaeli, E. (2018). Emotional congruence between clients and therapists and its effect on treatment outcome. *Journal of Counseling Psychology*, *65*, 51-64.
(12) Atzil-Slonim, D., Bar-Kalifa, E., Fisher, H., Lazarus, G., Hasson-Ohayon, I., Lutz, W., ... Rafaeli, E. (2019). Therapists' empathic accuracy toward their clients' emotions. *Journal of Consulting and Clinical Psychology*, *87*, 33-45.
(13) Coyne, A. E., Constantino, M. J., Gaines, A. N., Laws, H. B., Westra, H. A., & Antony, M. M. (2020). Association between therapist attunement to patient outcome expectation and worry reduction in two therapies for generalized anxiety disorder. *Journal of Counseling Psychology*.
(14) Lazarus, G., Atzil-Slonim, D., Bar-Kalifa, E., Hasson-Ohayon, I., & Rafaeli, E. (2019). Clients' emotional instability and therapists' inferential flexibility predict therapists' session-by-session empathic accuracy. *Journal of Counseling Psychology*, *66*, 56-69.

25　何が生理的同期を促すのか？

(1) Drews, H. J., Wallot, S., Brysch, P., Berger-Johannsen, H., Weinhold, S. L., Mitkidis, P., ... Göder, R. (2020). Bed-sharing in couples is associated with increased and stabilized REM sleep and sleep-stage synchronization. *Frontiers in Psychiatry*, *11*, 583.
(2) Yoon, H., Choi, S. H., Kim, S. K., Kwon, H. B., Oh, S. M., Choi, J. W., ... Park, K. S. (2019). Human heart rhythms synchronize while co-sleeping. *Frontiers in Physiology*, *10*, 190.
(3) Elsey, T., Keller, P. S., & El-Sheikh, M. (2019). The role of couple sleep concordance in sleep quality: Attachment as a moderator of

(18) Tschacher, W., Ramseyer, F., & Koole, S. L. (2017). Sharing the now in the social present: Duration of nonverbal synchrony is linked with personality. *Journal of Personality*, *86*, 129-138.

24 共感的理解

(1) 岡村達也 (2019). 共感的理解によるクライアント中心療法の定式化をめぐって　飯長喜一郎・園田雅代 (編) 私とパーソンセンタード・アプローチ　新曜社

(2) 七星純子・川上和宏 (2016). 新聞分析からみた「共感」がもつ現代的意味に関する一考察　千葉大学大学院人文社会科学研究科研究プロジェクト報告書, *301*, 35-50.

(3) 木野和代・鈴木有美 (2016). 多次元共感性尺度 (MES) 10 項目短縮版の検討　宮城学院女子大学研究論文集, *123*, 37-52.

(4) 永島聡 (2020). 多文化共生社会における empathy と「共感」 神戸常盤大学紀要, *13*, 161-169.

(5) 日道俊之・小山内秀和・後藤崇志・藤田弥世・河村悠太・野村理朗 (2017). 日本語版対人反応性指標の作成　心理学研究, *88*, *61-71*.

(6) Pommier, E., Neff, K. D., & Tóth-Király, I. (2020). The development and validation of the Compassion Scale. *Assessment*, *27*, 21-39.

(7) Sinclair, S., Beamer, K., Hack, T. F., McClement, S., Raffin Bouchal, S., Chochinov, H. M., & Hagen, N. A. (2017). Sympathy, empathy, and compassion: A grounded theory study of palliative care patients' understandings, experiences, and preferences. *Palliative Medicine*, *31*, 437-447.

(8) Klimecki, O. M. (2019). The role of empathy and compassion in conflict resolution. *Emotion Review*, *11*, 310-325.

(9) Agnew, C. (2020). Psychotherapists' altered states of consciousness: A study of counsellors' and psychotherapists' experiences of altered states of consciousness whilst conducting therapy. *Consciousness, Spirituality & Transpersonal Psychology*, *1*, 62-76.

(9) Zilcha-Mano, S., & Ramseyer, F. T. (2020). Innovative approaches to exploring processes of change in counseling psychology: Insights and principles for future research. *Journal of Counseling Psychology*, *67*, 409-419.

(10) Kleinbub, J. R., Talia, A., & Palmieri, A. (2020). Physiological synchronization in the clinical process: A research primer. *Journal of Counseling Psychology*, *67*, 420-437.

(11) Zilcha-Mano, S., Shamay-Tsoory, S., Dolev-Amit, T., Zagoory-Sharon, O., & Feldman, R. (2020). Oxytocin as a biomarker of the formation of therapeutic alliance in psychotherapy and counseling psychology. *Journal of Counseling Psychology*, *67*, 523-535.

(12) Bar-Kalifa, E., & Atzil-Slonim, D. (2020). Intrapersonal and interpersonal emotional networks and their associations with treatment outcome. *Journal of Counseling Psychology*, *67*, 580-594.

(13) Soma, C. S., Baucom, B. R., Xiao, B., Butner, J. E., Hilpert, P., Narayanan, S., ... Imel, Z. E. (2020). Coregulation of therapist and client emotion during psychotherapy. *Psychotherapy Research*, *30*, 591-603.

(14) Matsui, H., Hori, K., Yamada, E., & Kodama, K. (2020). Visualization and punctuation of psychological counseling by qualitative and quantitative methods. *Psychology*, *11*, 796-821.

(15) Lutz, W., Prinz, J. N., Schwartz, B., Paulick, J., Schoenherr, D., Deisenhofer, A. K., ... Rafaeli, E. (2020). Patterns of early change in interpersonal problems and their relationship to nonverbal synchrony and multidimensional outcome. *Journal of Counseling Psychology*, *67*, 449-461.

(16) Ramseyer, F. T. (2020). Motion energy analysis (MEA): A primer on the assessment of motion from video. *Journal of Counseling Psychology*, *67*, 536-549.

(17) Ramseyer, F. T. (2020). Exploring the evolution of nonverbal synchrony in psychotherapy: The idiographic perspective provides a different picture. *Psychotherapy Research*, *30*, 622-634.

(8) Lemay Jr, E. P., Ryan, J. E., Fehr, R., & Gelfand, M. J. (2020). Validation of negativity: Drawbacks of interpersonal responsiveness during conflicts with outsiders. *Journal of Personality and Social Psychology*, *119*, 104-135.

23 心理療法における同期

(1) Seikkula, J., Karvonen, A., Kykyri, V. L., Kaartinen, J., & Penttonen, M. (2015). The embodied attunement of therapists and a couple within dialogical psychotherapy: An introduction to the relational mind research project. *Family Process*, *54*, 703-715.

(2) Karvonen, A., Kykyri, V. L., Kaartinen, J., Penttonen, M., & Seikkula, J. (2016). Sympathetic nervous system synchrony in couple therapy. *Journal of Marital and Family Therapy*, *42*, 383-395.

(3) Zhang, Y., Meng, T., Yang, Y., & Hu, Y. (2020). Experience-dependent counselor-client brain synchronization during psychological counseling. *Eneuro*, *7*, 0236-20.2020.

(4) Finset, A., & Ørnes, K. (2017). Empathy in the clinician-patient relationship: The role of reciprocal adjustments and processes of synchrony. *Journal of Patient Experience*, *4*, 64-68.

(5) Kleinbub, J. R., Mannarini, S., & Palmieri, A. (2020). Interpersonal biofeedback in psychodynamic psychotherapy. *Frontiers in Psychology*, *11*, 1655.

(6) García, E., & Di Paolo, E. A. (2018). Embodied coordination and psychotherapeutic outcome: Beyond direct mappings. *Frontiers in Psychology*, *9*, 1257.

(7) Friedman, J. T. (2020). Nonverbal synchrony: A new approach to assessing therapeutic alliance ruptures. *The New School Psychology Bulletin*, *17*, 26-31.

(8) Koole, S. L., & Tschacher, W. (2016). Synchrony in psychotherapy: A review and an integrative framework for the therapeutic alliance. *Frontiers in Psychology*, *7*, 862.

Journal of Psychoanalysis, *93*, 1191-1214.
(5) Behrens, F., Snijdewint, J. A., Moulder, R. G., Prochazkova, E., Sjak-Shie, E. E., Boker, S. M., & Kret, M. E. (2020). Physiological synchrony is associated with cooperative success in real-life interactions. *Scientific Reports*, 10, 19609.
(6) Murata, A., Nishida, H., Watanabe, K., & Kameda, T. (2020). Convergence of physiological responses to pain during face-to-face interaction. *Scientific Reports*, *10*, 450.

22 生理的同期が情動伝染を促す

(1) Deits-Lebehn, C., Baucom, K. J., Crenshaw, A. O., Smith, T. W., & Baucom, B. R. (2020). Incorporating physiology into the study of psychotherapy process. *Journal of Counseling Psychology*, *67*, 488-499.
(2) Kleinbub, J. R. (2017). State of the art of interpersonal physiology in psychotherapy: A systematic review. *Frontiers in Psychology*, *8*, 2053.
(3) Chen, K. H., Brown, C. L., Wells, J. L., Rothwell, E. S., Otero, M. C., Levenson, R. W., & Fredrickson, B. L. (2020). Physiological linkage during shared positive and shared negative emotion. *Journal of Personality and Social Psychology*. [Advance online publication]
(4) Brown, C. L., West, T. V., Sanchez, A. H., & Mendes, W. B. (2020). Emotional empathy in the social regulation of distress: A dyadic approach. *Personality and Social Psychology Bulletin*, 0146167220953987.
(5) Kohrt, B. A., Ottman, K., Panter-Brick, C., Konner, M., & Patel, V. (2020). Why we heal: The evolution of psychological healing and implications for global mental health. *Clinical Psychology Review*, *82*, 101920.
(6) Cameron, C. D., Hutcherson, C. A., Ferguson, A. M., Scheffer, J. A., Hadjiandreou, E., & Inzlicht, M. (2019). Empathy is hard work: People choose to avoid empathy because of its cognitive costs. *Journal of Experimental Psychology: General*, *148*, 962-976.
(7) Bloom, P. (2016). *Against empathy: The case for rational compassion*. New York: HarperCollins.

to emotional contagion. *Psychological Reports*, 0033294120940552.
(4) Gilal, F. G., Channa, N. A., Gilal, N. G., Gilal, R. G., & Shah, S. M. M. (2019). Association between a teacher's work passion and a student's work passion: A moderated mediation model. *Psychology Research and Behavior Management*, *12*, 889-900.
(5) Wergin, V. V., Mallett, C. J., Mesagno, C., Zimanyi, Z., & Beckmann, J. (2019). When you watch your team fall apart: Coaches' and sport psychologists' perceptions on causes of collective sport team collapse. *Frontiers in Psychology*, *10,* 1331.
(6) Wergin, V. V., Zimanyi, Z., Mesagno, C., & Beckmann, J. (2018). When suddenly nothing works anymore within a team: Causes of collective sport team collapse. *Frontiers in Psychology*, *9*, 2115.
(7) Jin, Z., Zhao, K. B., Xia, Y. Y., Chen, R. J., Yu, H., Tamutana, T. T., ... Park, G. Y. (2020). Relationship between psychological responses and the appraisal of risk communication during the early phase of the COVID-19 pandemic: A two-wave study of community residents in China. *Frontiers in Public Health*, *8*, 550220.

21　気の合う人で癒される

(1) Kohrt, B. A., Ottman, K., Panter-Brick, C., Konner, M., & Patel, V. (2020). Why we heal: The evolution of psychological healing and implications for global mental health. *Clinical Psychology Review*, *82*, 101920.
(2) Grossmann, T., Missana, M., & Krol, K. M. (2018). The neurodevelopmental precursors of altruistic behavior in infancy. *PLOS Biology*, *16*, e2005281.
(3) Coutinho, J. F., Silva, P. O., & Decety, J. (2014). Neurosciences, empathy, and healthy interpersonal relationships: Recent findings and implications for counseling psychology. *Journal of Counseling Psychology, 61*, 541-548.
(4) Brown, L. J. (2012). Bion's discovery of alpha function: Thinking under fire on the battlefield and in the consulting room. *The International*

（7）勝山雅子・草場健太郎・中島優哉・成田智（2018）. 緊張時に皮膚から特徴的に発生する匂い成分　生理心理, *36*, 73.

（8）Negoias, S., Hummel, T., Symmank, A., Schellong, J., Joraschky, P., & Croy, I. (2016). Olfactory bulb volume predicts therapeutic outcome in major depression disorder. *Brain Imaging and Behavior*, *10*, 367-372.

（9）Spinella, M. (2002). A relationship between smell identification and empathy. *International Journal of Neuroscience*, *112*, 605-612.

（10）Gamsakhurdashvili, D., Antov, M. I., Lübke, K. T., Pause, B. M., & Stockhorst, U. (2021). The role of olfaction and sex-hormone status in empathy-related measures. *Physiology & Behavior*, *230*, 113289.

（11）O'Nions, E., Lima, C. F., Scott, S. K., Roberts, R., McCrory, E. J., & Viding, E. (2017). Reduced laughter contagion in boys at risk for psychopathy. *Current Biology*, *27*, 3049-3055.

（12）Tamm, S., Schwarz, J., Thuné, H., Kecklund, G., Petrovic, P., Åkerstedt, T., ... Nilsonne, G. (2020). A combined fMRI and EMG study of emotional contagion following partial sleep deprivation in young and older humans. *Scientific Reports*, *10*, 17944.

（13）Smirnov, D., Saarimäki, H., Glerean, E., Hari, R., Sams, M., & Nummenmaa, L. (2019). Emotions amplify speaker-listener neural alignment. *Human Brain Mapping*, *40*, 4777-4788.

20　情動伝染と社会的行動

（1）Petitta, L., & Jiang, L. (2020). How emotional contagion relates to burnout: A moderated mediation model of job insecurity and group member prototypicality. *International Journal of Stress Management*, *27*, 12-22.

（2）Li, J., Zhang, J., & Yang, Z. (2017). Associations between a leader's work passion and an employee's work passion: A moderated mediation model. *Frontiers in Psychology*, *8*, 1447.

（3）Jia, M., & Cheng, J. (2020). Emotional experiences in the workplace: Biological sex, supervisor nonverbal behaviors, and subordinate susceptibility magpies' decisions to share food are contingent on the presence or absence of food for the recipient. *Scientific Reports*, *10*, 16147.

(15) Adriaense, J. E., Martin, J. S., Schiestl, M., Lamm, C., & Bugnyar, T. (2019). Negative emotional contagion and cognitive bias in common ravens (Corvus corax). *Proceedings of the National Academy of Sciences*, *116*, 11547-11552.

(16) Adriaense, J. E. C., Koski, S. E., Huber, L., & Lamm, C. (2020). Challenges in the comparative study of empathy and related phenomena in animals. *Neuroscience & Biobehavioral Reviews*, *112*, 62-82.

19　情動伝染の生理的条件

(1) Lischke, A., Weippert, M., Mau-Moeller, A., Jacksteit, R., & Pahnke, R. (2020). Interoceptive accuracy is associated with emotional contagion in a valence-and sex-dependent manner. *Social Neuroscience*, *15*, 227-233.

(2) Imafuku, M., Fukushima, H., Nakamura, Y., Myowa, M., & Koike, S. (2020). Interoception is associated with the impact of eye contact on spontaneous facial mimicry. *Scientific Reports*, *10*, 19866.

(3) Park, S., Choi, S. J., Mun, S., & Whang, M. (2019). Measurement of emotional contagion using synchronization of heart rhythm pattern between two persons: Application to sales managers and sales force synchronization. *Physiology & Behavior*, *200*, 148-158.

(4) Koeppel, C. J., Ruser, P., Kitzler, H., Hummel, T., & Croy, I. (2020). Interoceptive accuracy and its impact on neuronal responses to olfactory stimulation in the insular cortex. *Human Brain Mapping*.

(5) De Boeck, I., van den Broek, M. F., Allonsius, C. N., Spacova, I., Wittouck, S., Martens, K., ... Eilers, T. (2020). Lactobacilli have a niche in the human nose. *Cell Reports*, *31*, 107674.

(6) Kiecolt-Glaser, J. K., Wilson, S. J., & Madison, A. (2019). Marriage and gut (microbiome) feelings: Tracing novel dyadic pathways to accelerated aging. *Psychosomatic Medicine*, *81*, 704-710.

H. C., & Mason, P. (2020). The bystander effect in rats. *Science Advances*, *6*, eabb4205.

(6) Huber, A., Barber, A. L., Faragó, T., Müller, C. A., & Huber, L. (2017). Investigating emotional contagion in dogs (Canis familiaris) to emotional sounds of humans and conspecifics. *Animal Cognition*, *20*, 703-715.

(7) Van Bourg, J., Patterson, J. E., & Wynne, C. D. (2020). Pet dogs (Canis lupus familiaris) release their trapped and distressed owners: Individual variation and evidence of emotional contagion. *PLOS ONE*, *15*, e0231742.

(8) Meyers-Manor, J. E., & Botten, M. L. (2020). A shoulder to cry on: Heart rate variability and empathetic behavioral responses to crying and laughing in dogs. *Canadian Journal of Experimental Psychology, Revue canadienne de psychologie expérimentale*, *74*, 235-243.

(9) Katayama, M., Kubo, T., Yamakawa, T., Fujiwara, K., Nomoto, K., Ikeda, K., ... Kikusui, T. (2019). Emotional contagion from humans to dogs is facilitated by duration of ownership. *Frontiers in Psychology*, *10*, 1678.

(10) Palagi, E., & Cordoni, G. (2020). Intraspecific motor and emotional alignment in dogs and wolves: The basic building blocks of dog-human affective connectedness. *Animals*, *10*, 241.

(11) Trösch, M., Pellon, S., Cuzol, F., Parias, C., Nowak, R., Calandreau, L., & Lansade, L. (2020). Horses feel emotions when they watch positive and negative horse-human interactions in a video and transpose what they saw to real life. *Animal Cognition*, *23*, 643-653.

(12) Yonezawa, T., Sato, K., Uchida, M., Matsuki, N., & Yamazaki, A. (2017). Presence of contagious yawning in sheep. *Animal Science Journal*, *88*, 195-200.

(13) Humphrey, T., Proops, L., Forman, J., Spooner, R., & McComb, K. (2020). The role of cat eye narrowing movements in cat-human communication. *Scientific Reports*, *10*, 16503.

(14) Massen, J. J., Haley, S. M., & Bugnyar, T. (2020). Azure-winged

Pleasurable compassion theory and the role of trait empathy. *Frontiers in Psychology*, *11*, 1060.

(6) Pinilla, A., Tamayo, R. M., & Neira, J. (2020). How do induced affective states bias emotional contagion to faces? A three-dimensional model. *Frontiers in Psychology, 11*, 97.

(7) Yoon, S., Verona, E., Schlauch, R., Schneider, S., & Rottenberg, J. (2019). Why do depressed people prefer sad music? *Emotion*, *20*, 613-624.

(8) Raab, M., Schlauderer, S., Overhage, S., & Friedrich, T. (2020). More than a feeling: Investigating the contagious effect of facial emotional expressions on investment decisions in reward-based crowdfunding. *Decision Support Systems*, 113326.

(9) Neves, L., Cordeiro, C., Scott, S. K., Castro, S. L., & Lima, C. F. (2018). High emotional contagion and empathy are associated with enhanced detection of emotional authenticity in laughter. *Quarterly Journal of Experimental Psychology*, *71*, 2355-2363.

18　動物の情動伝染

(1) Han, Y., Sichterman, B., Maria, C., Gazzola, V., & Keysers, C. (2020). Similar levels of emotional contagion in male and female rats. *Scientific Reports*, *10*, 2763.

(2) Meyza, K. Z., Bartal, I. B. A., Monfils, M. H., Panksepp, J. B., & Knapska, E. (2017). The roots of empathy: Through the lens of rodent models. *Neuroscience & Biobehavioral Reviews*, *76*, 216-234.

(3) Choi, J., & Jeong, Y. (2017). Elevated emotional contagion in a mouse model of Alzheimer's disease is associated with increased synchronization in the insula and amygdala. *Scientific Reports*, *7*, 46262.

(4) Hernandez-Lallement, J., Attah, A. T., Soyman, E., Pinhal, C. M., Gazzola, V., & Keysers, C. (2020). Harm to others acts as a negative reinforcer in rats. *Current Biology*, *30*, 949-961.

(5) Havlik, J. L., Sugano, Y. Y. V., Jacobi, M. C., Kukreja, R. R., Jacobi, J.

and task instructions. *Development and Psychopathology*, *32*, 383-393.
(9) Galazka, M. A., Åsberg Johnels, J., Zürcher, N. R., Hippolyte, L., Lemonnier, E., Billstedt, E., ... Hadjikhani, N. (2019). Pupillary contagion in autism. *Psychological Science*, *30*, 309-315.
(10) Fawcett, C., Wesevich, V., & Gredebäck, G. (2016). Pupillary contagion in infancy: Evidence for spontaneous transfer of arousal. *Psychological Science*, *27*, 997-1003.
(11) Rogers, A. A., Ha, T., Updegraff, K. A., & Iida, M. (2018). Adolescents' daily romantic experiences and negative mood: A dyadic, intensive longitudinal study. *Journal of Youth and Adolescence*, *47*, 1517-1530.
(12) Sened, H., Yovel, I., Bar-Kalifa, E., Gadassi, R., & Rafaeli, E. (2017). Now you have my attention: Empathic accuracy pathways in couples and the role of conflict. *Emotion*, *17*, 155-168.
(13) 黄夢荷 (2020). 感覚処理感受性と共感性の関連　ライフケアジャーナル, *11*, 37-40.

17　ポジティブ情動とネガティブ情動

(1) Wróbel, M. (2018). I can see that you're happy but you're not my friend: Relationship closeness and affect contagion. *Journal of Social and Personal Relationships*, *35*, 1301-1318.
(2) Kelly, J. R., Iannone, N. E., & McCarty, M. K. (2016). Emotional contagion of anger is automatic: An evolutionary explanation. *British Journal of Social Psychology*, *55*, 182-191.
(3) Van Der Zee, S., Taylor, P., Wong, R., Dixon, J., & Menacere, T. (2020). A liar and a copycat: Nonverbal coordination increases with lie difficulty. *Royal Society Open Science*, *8*, 200839.
(4) Eerola, T., Vuoskoski, J. K., & Kautiainen, H. (2016). Being moved by unfamiliar sad music is associated with high empathy. *Frontiers in Psychology*, *7*, 1176.
(5) Huron, D., & Vuoskoski, J. K. (2020). On the enjoyment of sad music:

functioning autism spectrum disorders. *Journal of Autism and Developmental Disorders*, *45*, 1318-1328.

16　ホルモンなどの影響

(1) Nitschke, J. P., Sunahara, C. S., Carr, E. W., Winkielman, P., Pruessner, J. C., & Bartz, J. A. (2020). Stressed connections: Cortisol levels following acute psychosocial stress disrupt affiliative mimicry in humans. *Proceedings of the Royal Society B*, *287*, 20192941.
(2) Arnold, A. (2020). Smile (but only deliberately) though your heart is aching: Loneliness is associated with impaired spontaneous smile mimicry. *Social Neuroscience*.
(3) Dijk, C., Fischer, A. H., Morina, N., Van Eeuwijk, C., & Van Kleef, G. A. (2018). Effects of social anxiety on emotional mimicry and contagion: Feeling negative, but smiling politely. *Journal of Nonverbal Behavior*, *42*, 81-99.
(4) Nilsonne, G., Tamm, S., Golkar, A., Sörman, K., Howner, K., Kristiansson, M., ... Petrovic, P. (2017). Effects of 25 mg oxazepam on emotional mimicry and empathy for pain: A randomized controlled experiment. *Royal Society Open Science*, *4*, 160607.
(5) Borawski, D., Wajs, T., Sojka, K., & Misztal, U. (2020). Interrelations between attachment styles, emotional contagion and loneliness. *Journal of Family Issues*, 0192513X20966013.
(6) Norscia, I., Zanoli, A., Gamba, M., & Palagi, E. (2020). Auditory contagious yawning is highest between friends and family members: Support to the emotional bias hypothesis. *Frontiers in Psychology*, *11*, 442.
(7) Massen, J. J., & Gallup, A. C. (2017). Why contagious yawning does not (yet) equate to empathy. *Neuroscience & Biobehavioral Reviews*, *80*, 573-585.
(8) Helt, M. S., Fein, D. A., & Vargas, J. E. (2019). Emotional contagion in children with autism spectrum disorder varies with stimulus familiarity

(6) Wróbel, M., & Imbir, K. K. (2019). Broadening the perspective on emotional contagion and emotional mimicry: The correction hypothesis. *Perspectives on Psychological Science*, *14*, 437-451.

(7) Fujimura, T., & Okanoya, K. (2016). Untrustworthiness inhibits congruent facial reactions to happy faces. *Biological Psychology*, *121*, 30-38.

(8) Prochazkova, E., & Kret, M. E. (2017). Connecting minds and sharing emotions through mimicry: A neurocognitive model of emotional contagion. *Neuroscience & Biobehavioral Reviews*, *80*, 99-114.

(9) Palagi, E., Celeghin, A., Tamietto, M., Winkielman, P., & Norscia, I. (2020). The neuroethology of spontaneous mimicry and emotional contagion in human and non-human animals. *Neuroscience & Biobehavioral Reviews*, *111*, 149-165.

(10) Holland, A. C., O'Connell, G., & Dziobek, I. (2020). Facial mimicry, empathy, and emotion recognition: A meta-analysis of correlations. *Cognition and Emotion*.

(11) Hess, U. (2020). Who to whom and why: The social nature of emotional mimicry. *Psychophysiology*, e13675.

(12) Deschamps, P., Munsters, N., Kenemans, L., Schutter, D., & Matthys, W. (2014). Facial mimicry in 6-7 year old children with disruptive behavior disorder and ADHD. *PLOS ONE*, *9*, e84965.

(13) Pizarro-Campagna, E., Terrett, G., Jovev, M., Rendell, P. G., Henry, J. D., & Chanen, A. M. (2020). Rapid facial mimicry responses are preserved in youth with first presentation borderline personality disorder. *Journal of Affective Disorders*, *266*, 14-21.

(14) Demichelis, O. P., Coundouris, S. P., Grainger, S. A., & Henry, J. D. (2020). Empathy and theory of mind in Alzheimer's disease: A Meta-analysis. *Journal of the International Neuropsychological Society*, *26*, 963-977.

(15) Yoshimura, S., Sato, W., Uono, S., & Toichi, M. (2015). Impaired overt facial mimicry in response to dynamic facial expressions in high-

empathy. Cambridge, MA: MIT Press.［岡田顕宏訳（2016）. 共感の社会神経科学　勁草書房］

（7）Decety, J. (2012). *Empathy: From bench to bedside*. Cambridge, MA: MIT Press.

（8）Decety, J., & Jackson, P. L. (2004). The functional architecture of human empathy. *Behavioral and Cognitive Neuroscience Reviews*, *3*, 71-100.

（9）Decety, J., & Moriguchi, Y. (2007). The empathic brain and its dysfunction in psychiatric populations: Implications for intervention across different clinical conditions. *BioPsychoSocial Medicine*, *1*, 22.

（10）Eklund, J. H., & Meranius, M. S. (2020). Toward a consensus on the nature of empathy: A review of reviews. *Patient Education and Counseling*.

（11）Heyes, C. (2018). Empathy is not in our genes. *Neuroscience & Biobehavioral Reviews*, *95*, 499-507.

15　表情の自発的模倣

（1）Lischetzke, T., Cugialy, M., Apt, T., Eid, M., & Niedeggen, M. (2020). Are those who tend to mimic facial expressions especially vulnerable to emotional contagion? *Journal of Nonverbal Behavior*, *44*, 133-152.

（2）Kowallik, A. E., Pohl, M., & Schweinberger, S. R. (2021). Facial imitation improves emotion recognition in adults with different levels of sub-clinical autistic traits. *Journal of Intelligence*, *9*, 4.

（3）Borgomaneri, S., Bolloni, C., Sessa, P., & Avenanti, A. (2020). Blocking facial mimicry affects recognition of facial and body expressions. *PLOS ONE*, *15*, e0229364.

（4）Olszanowski, M., Wróbel, M., & Hess, U. (2020). Mimicking and sharing emotions: A re-examination of the link between facial mimicry and emotional contagion. *Cognition and Emotion*, *34*, 367-376.

（5）藤村友美（2018）. コミュニケーションにおける表情表出の機能的役割　生理心理学と精神生理学, *35*, 3-13.

for suicidal behavior in criminal offenders with psychotic disorders. *Social Cognitive and Affective Neuroscience*, *12*, 70-80.

13 気持ちが伝わる

(1) Shaw, P. V., Wilson, G. A., & Antony, M. M. (2020). Examination of emotional contagion and social anxiety using novel video stimuli. *Anxiety, Stress, & Coping*, DOI: 10.1080/10615806.2020.1839729
(2) Pittelkow, M. M., aan het Rot, M., Seidel, L. J., Feyel, N., & Roest, A. (2021). Social anxiety and empathy: A systematic review and meta-analysis. DOI: 10.31234/osf.io/8btnm
(3) Juszkiewicz, A., Lachowicz-Tabaczek, K., & Wróbel, M. (2020). Self-esteem, gender, and emotional contagion: What predicts people's proneness to "catch" the feelings of others? *Personality and Individual Differences*, *157*, 109803.

14 情動伝染チェック！

(1) Doherty, R. W. (1997). The emotional contagion scale: A measure of individual differences. *Journal of Nonverbal Behavior*, *21*, 131-154.
(2) Spreng, R. N., McKinnon, M. C., Mar, R. A., & Levine, B. (2009). The Toronto Empathy Questionnaire: Scale development and initial validation of a factor-analytic solution to multiple empathy measures. *Journal of Personality Assessment*, *91*, 62-71.
(3) Carré, A., Stefaniak, N., D'ambrosio, F., Bensalah, L., & Besche-Richard, C. (2013). The Basic Empathy Scale in Adults (BES-A): Factor structure of a revised form. *Psychological Assessment*, *25*, 679-691.
(4) Jordan, M. R., Amir, D., & Bloom, P. (2016). Are empathy and concern psychologically distinct? *Emotion*, *16*, 1107-1116.
(5) Richaud, M. C., Lemos, V. N., Mesurado, B., & Oros, L. (2017). Construct validity and reliability of a new Spanish empathy questionnaire for children and early adolescents. *Frontiers in Psychology*, *8*, 979.
(6) Decety, J., & Ickes, W. J. (Eds.). (2009). *The social neuroscience of*

reduces empathic accuracy. *Psychopharmacology*, *235*, 1479-1486.
(7) Jospe, K., Genzer, S., Selle, N. K., Ong, D., Zaki, J., & Perry, A. (2020). The contribution of linguistic and visual cues to physiological synchrony and empathic accuracy. *Cortex*, *132*, 296-308.

12　共感精度が低い人びと

(1) Israelashvili, J., Sauter, D. A., & Fischer, A. H. (2020). Different faces of empathy: Feelings of similarity disrupt recognition of negative emotions. *Journal of Experimental Social Psychology*, *87*, 103912.
(2) Lee, J. J., Hardin, A. E., Parmar, B., & Gino, F. (2019). The interpersonal costs of dishonesty: How dishonest behavior reduces individuals' ability to read others' emotions. *Journal of Experimental Psychology: General*, *148*, 1557-1574.
(3) Martin-Key, N., Brown, T., & Fairchild, G. (2017). Empathic accuracy in male adolescents with conduct disorder and higher versus lower levels of callous-unemotional traits. *Journal of Abnormal Child Psychology*, *45*, 1385-1397.
(4) Martin-Key, N. A., Allison, G., & Fairchild, G. (2020). Empathic accuracy in female adolescents with conduct disorder and sex differences in the relationship between conduct disorder and empathy. *Journal of Abnormal Child Psychology*, *48*, 1155-1167.
(5) Lee, J., Zaki, J., Harvey, P. O., Ochsner, K., & Green, M. F. (2011). Schizophrenia patients are impaired in empathic accuracy. *Psychological Medicine*, *41*, 2297-2304.
(6) Horan, W. P., Reise, S. P., Kern, R. S., Lee, J., Penn, D. L., & Green, M. F. (2015). Structure and correlates of self-reported empathy in schizophrenia. *Journal of Psychiatric Research*, *66*, 60-66.
(7) Rum, Y., & Perry, A. (2020). Empathic accuracy in clinical populations. *Frontiers in Psychiatry*, *11*, 457.
(8) Harenski, C. L., Brook, M., Kosson, D. S., Bustillo, J. R., Harenski, K. A., Caldwell, M. F., ... Calhoun, V. D. (2017). Socio-neuro risk factors

Therapy, *87*, 232-242.
(3) Eckland, N. S., & English, T. (2019). Trait-level emotion regulation and emotional awareness predictors of empathic accuracy. *Motivation and Emotion*, *43*, 461-470.
(4) Sadikaj, G., Moskowitz, D. S., & Zuroff, D. C. (2018). What's interpersonal in interpersonal perception? The role of target's attachment in the accuracy of perception. *Journal of Personality*, *86*, 665-678.
(5) Borelli, J. L., Peng, X., Hong, K., Froidevaux, N. M., & Sbarra, D. A. (2019). Accuracy and confidence in perceptions of targets' attachment to former partners: Do judges vary as a function of individual differences in attachment orientation? *Journal of Research in Personality*, *79*, 1-12.

11　ホルモンなどの影響

(1) Nitschke, J. P., & Bartz, J. A. (2020). Lower digit ratio and higher endogenous testosterone are associated with lower empathic accuracy. *Hormones and Behavior*, *119*, 104648.
(2) Bartz, J. A., Nitschke, J. P., Krol, S. A., & Tellier, P. P. (2019). Oxytocin selectively improves empathic accuracy: A replication in men and novel insights in women. *Biological Psychiatry: Cognitive Neuroscience and Neuroimaging*, *4*, 1042-1048.
(3) Bartz, J. A., Zaki, J., Bolger, N., Hollander, E., Ludwig, N. N., Kolevzon, A., & Ochsner, K. N. (2010). Oxytocin selectively improves empathic accuracy. *Psychological Science*, *21*, 1426-1428.
(4) Trilla, I., Drimalla, H., Bajbouj, M., & Dziobek, I. (2020). The influence of reward on facial mimicry: No evidence for a significant effect of oxytocin. *Frontiers in Behavioral Neuroscience*, *14*, 88.
(5) Eckland, N. S., Huang, A. B., & Berenbaum, H. (2019). Empathic accuracy: Associations with prosocial behavior and self-insecurity. *Emotion*, *20*, 1306-1310.
(6) Thiel, F., Ostafin, B. D., Uppendahl, J. R., Wichmann, L. J., Schlosser, M., & aan het Rot, M. (2018). A moderate dose of alcohol selectively

& Bänziger, T. (2021). Exploring emotion recognition and the understanding of others' unspoken thoughts and feelings when narrating self-experienced emotional events. *Journal of Nonverbal Behavior*.

(3) Murphy, B. A., & Lilienfeld, S. O. (2019). Are self-report cognitive empathy ratings valid proxies for cognitive empathy ability? Negligible meta-analytic relations with behavioral task performance. *Psychological Assessment*, *31*, 1062-1072.

(4) Zaki, J., Bolger, N., & Ochsner, K. (2008). It takes two: The interpersonal nature of empathic accuracy. *Psychological Science*, *19*, 399-404.

(5) Israelashvili, J., Sauter, D. A., & Fischer, A. H. (2019). How well can we assess our ability to understand other's feelings? Beliefs about taking other's perspective and actual understanding of others' emotions. *Frontiers in Psychology*, *10*, 2475.

(6) Haut, K. M., Dodell-Feder, D., Guty, E., Nahum, M., & Hooker, C. I. (2019). Change in objective measure of empathic accuracy following social cognitive training. *Frontiers in Psychiatry*, *10*, 894.

(7) Blanke, E. S., Rauers, A., & Riediger, M. (2015). Nice to meet you: Adult age differences in empathic accuracy for strangers. *Psychology and Aging*, *30*, 149-159.

(8) Kunzmann, U., Wieck, C., & Dietzel, C. (2018). Empathic accuracy: Age differences from adolescence into middle adulthood. *Cognition and Emotion*, *32*, 1611-1624.

10 不安は共感精度を下げる

(1) Alvi, T., Kouros, C. D., Lee, J., Fulford, D., & Tabak, B. A. (2020). Social anxiety is negatively associated with theory of mind and empathic accuracy. *Journal of Abnormal Psychology*, *129*, 108-113.

(2) Morrison, A. S., Mateen, M. A., Brozovich, F. A., Zaki, J., Goldin, P. R., Heimberg, R. G., & Gross, J. J. (2016). Empathy for positive and negative emotions in social anxiety disorder. *Behaviour Research and*

controlled trials. *Proceedings of the Royal Society B*, *286*, 20191062.
(8) Gamsakhurdashvili, D., Antov, M. I., Lübke, K. T., Pause, B. M., & Stockhorst, U. (2021). The role of olfaction and sex-hormone status in empathy-related measures. *Physiology & Behavior*, *230*, 113289.
(9) Spitzer, M. (2020). Masked education? The benefits and burdens of wearing face masks in schools during the current Corona pandemic. *Trends in Neuroscience and Education*, *20*, 100138.
(10) Hüfner, K., Hofer, A., & Sperner-Unterweger, B. (2020). On the difficulties of building therapeutic relationships when wearing face masks. *Journal of Psychosomatic Research*, *138*, 110226.
(11) Marta, C., Nunzio, L., Francesca, F., Martina, M., Anna, K., Vittorio, G., & Alessandra, U. M. (2020). I see how you feel: Facial expressions' recognition and distancing in the time of COVID-19. *Research Square*.
(12) Saunders, G. H., Jackson, I. R., & Visram, A. S. (2020). Impacts of face coverings on communication: An indirect impact of COVID-19. *International Journal of Audiology*.
(13) Schurz, M., Radua, J., Tholen, M. G., Maliske, L., Margulies, D. S., Mars, R. B., ... Kanske, P. (2020). Toward a hierarchical model of social cognition: A neuroimaging meta-analysis and integrative review of empathy and theory of mind. *Psychological Bulletin*. [Advanced online]
(14) Guterstam, A., Wilterson, A. I., Wachtell, D., & Graziano, M. S. (2020). Other people's gaze encoded as implied motion in the human brain. *Proceedings of the National Academy of Sciences*, *117*, 13162-13167.

9 共感性は共感精度に関連するか？

(1) Winczewski, L. A., Bowen, J. D., & Collins, N. L. (2016). Is empathic accuracy enough to facilitate responsive behavior in dyadic interaction? Distinguishing ability from motivation. *Psychological Science*, *27*, 394-404.
(2) Flykt, A., Hörlin, T., Linder, F., Wennstig, A. K., Sayeler, G., Hess, U.,

Mars, R. B., ... Kanske, P. (2020). Toward a hierarchical model of social cognition: A neuroimaging meta-analysis and integrative review of empathy and theory of mind. *Psychological Bulletin*.
(8) 難波修史・松田聖顕・宮谷真人・中尾敬（2017）. 自己報告型の共感性が共感正確性課題に及ぼす影響　日本認知心理学会第15回大会発表論文集 p. 21.

8　まなざしから心を読むテスト

(1) Schurz, M., Radua, J., Tholen, M. G., Maliske, L., Margulies, D. S., Mars, R. B., ... Kanske, P. (2020). Toward a hierarchical model of social cognition: A neuroimaging meta-analysis and integrative review of empathy and theory of mind. *Psychological Bulletin*.
(2) Mascaro, J. S., Rilling, J. K., Tenzin Negi, L., & Raison, C. L. (2013). Compassion meditation enhances empathic accuracy and related neural activity. *Social Cognitive and Affective Neuroscience*, *8*, 48-55.
(3) 矢澤順根・古川善也・中島健一郎（2020）. クリティカルシンキングの能力および志向性が共感の正確さに及ぼす影響　社会心理学研究, *36*, 16-24.
(4) Ma-Kellams, C., & Lerner, J. (2016). Trust your gut or think carefully? Examining whether an intuitive, versus a systematic, mode of thought produces greater empathic accuracy. *Journal of Personality and Social Psychology*, *111*, 674-685.
(5) Mayukha, A., Andrade, I., & Cone, J. (2020). Opposing contributions of psychologically distinct components of empathy to empathic accuracy. *Journal of Experimental Psychology: General*, *149*, 2169-2186.
(6) 日道俊之・小山内秀和・後藤崇志・藤田弥世・河村悠太・野村理朗（2017）. 日本語版対人反応性指標の作成 心理学研究, *88*, 61-71.
(7) Nadler, A., Camerer, C. F., Zava, D. T., Ortiz, T. L., Watson, N. V., Carré, J. M., & Nave, G. (2019). Does testosterone impair men's cognitive empathy? Evidence from two large-scale randomized

making. *Clinical Psychological Science*, *6*, 48-62.
(3) Ames, D. R., Kammrath, L. K., Suppes. A., & Bolger, N. (2010). Not so fast: The (not-quite-complete) dissociation between accuracy and confidence in thin-slice impressions. *Personality and Social Psychology Bulletin*, *36*, 264-277.
(4) Ambady, N., & Gray, H. M. (2002). On being sad and mistaken: Mood effects on the accuracy of thin-slice judgments. *Journal of Personality and Social Psychology*, *83*, 947-961.

7　共感精度の脳

(1) Orloff, J. (2014). *The power of surrender: Let go and energize your relationships, success, and well-being*. New York: Harmony Books.
(2) Zaki, J., Weber, J., Bolger, N., & Ochsner, K. (2009). The neural bases of empathic accuracy. *Proceedings of the National Academy of Sciences, 106*, 11382-11387.
(3) Acevedo, B., Aron, E., Pospos, S., & Jessen, D. (2018). The functional highly sensitive brain: A review of the brain circuits underlying sensory processing sensitivity and seemingly related disorders. *Philosophical Transactions of the Royal Society B: Biological Sciences*, *373*, 20170161.
(4) Mackes, N. K., Golm, D., O'Daly, O. G., Sarkar, S., Sonuga-Barke, E. J., Fairchild, G., & Mehta, M. A. (2018). Tracking emotions in the brain: Revisiting the Empathic Accuracy Task. *NeuroImage*, *178*, 677-686.
(5) Paracampo, R., Pirruccio, M., Costa, M., Borgomaneri, S., & Avenanti, A. (2018). Visual, sensorimotor and cognitive routes to understanding others' enjoyment: An individual differences rTMS approach to empathic accuracy. *Neuropsychologia*, *116*, 86-98.
(6) Kral, T. R., Solis, E., Mumford, J. A., Schuyler, B. S., Flook, L., Rifken, K., ... Davidson, R. J. (2017). Neural correlates of empathic accuracy in adolescence. *Social Cognitive and Affective Neuroscience*, *12*, 1701-1710.
(7) Schurz, M., Radua, J., Tholen, M. G., Maliske, L., Margulies, D. S.,

Evidence for age-related similarities in interpersonal accuracy. *Journal of Experimental Psychology: General*, *148*, 1517-1537.
(2) Hülür, G., Hoppmann, C. A., Rauers, A., Schade, H., Ram, N., & Gerstorf, D. (2016). Empathic accuracy for happiness in the daily lives of older couples: Fluid cognitive performance predicts pattern accuracy among men. *Psychology and Aging*, *31*, 545-552.
(3) Hall, J. A., Goh, J. X., Mast, M. S., & Hagedorn, C. (2016). Individual differences in accurately judging personality from text. *Journal of Personality*, *84*, 433-445.
(4) 山口亮祐・宮本礼子（2018）. 他者の表情観察を通した認知的共感と情動的共感の神経基盤　臨床神経生理学, *46*, 567-577.
(5) Kang, P., Lee, J., Sul, S., & Kim, H. (2013). Dorsomedial prefrontal cortex activity predicts the accuracy in estimating others' preferences. *Frontiers in Human Neuroscience*, *7*, 686.
(6) Wang, S., Tepfer, L. J., Taren, A. A., & Smith, D. V. (2020). Functional parcellation of the default mode network: A large-scale meta-analysis. *Scientific Reports*, *10*, 16096.
(7) Park, J., Kim, H., Sohn, J.-W., Choi, J., & Kim, S.-P. (2018). EEG beta oscillations in the temporoparietal area related to the accuracy in estimating others' preference. *Frontiers in Human Neuroscience*, *12*, 43.
(8) Ito, A., Yoshida, K., Takeda, K., Sawamura, D., Murakami, Y., Hasegawa, A., ... Izuma, K. (2020). The role of the ventromedial prefrontal cortex in automatic formation of impression and reflected impression. *Human Brain Mapping*, *41*, 3045-3058.

6　薄切り判断を低める要因

(1) Crenshaw, A. O., Leo, K., & Baucom, B. R. (2019). The effect of stress on empathic accuracy in romantic couples. *Journal of Family Psychology*, *33*, 327.
(2) Remmers, C., & Zander, T. (2018). Why you don't see the forest for the trees when you are anxious: Anxiety impairs intuitive decision

(7) 中尾達馬 (2010). 面識があまりなくとも，他者の愛着スタイルを認識することは可能なのか　パーソナリティ研究, *19*, 146-156.
(8) Saville, A., & Balas, B. (2014). Detecting personal familiarity depends on static frames in “thin slices” of behavior. *Psychonomic Bulletin and Review*, *21*, 1537-1543.
(9) Balas, B., Kanwisher, N., & Saxe, R. (2012). Thin-slice perception develops slowly. *Journal of Experimental Child Psychology*, *112*, 257-264.

4　将来を予測する

(1) Haase, C. M., Holley, S. R., Bloch, L., Verstaen, A., & Levenson, R. W. (2016). Interpersonal emotional behaviors and physical health: A 20-year longitudinal study of long-term married couples. *Emotion*, *16*, 965-977.
(2) Waldinger, R. J., Schulz, M. S., Hauser, S. T., Allen, J. P., & Crowell, J. A. (2004). Reading others’ emotions: The role of intuitive judgments in predicting marital satisfaction, quality, and stability. *Journal of Family Psychology*, *18*, 58-71.
(3) Mason, A. E., Sbarra, D. A., & Mehl, M. R. (2010). Thin-slicing divorce: Thirty seconds of information predict changes in psychological adjustment over 90 days. *Psychological Science*, *21*, 1420-1422.
(4) Spezio, M. L., Rangel, A., Alvarez, R. M., O’Doherty, J. P., Mattes, K., Todorov, A., Kim, H., & Adolphs, R. (2008). A neural basis for the effect of candidate appearance on election outcomes. *Social Cognitive and Affective Neuroscience*, *3*, 344-352.
(5) Ambady, N., Koo, J., Rosenthal, R., & Winograd, C. H. (2002). Physical therapists’ nonverbal communication predicts geriatric patients’ health outcomes. *Psychology and Aging*, *17,* 443-452.

5　薄切り判断を高める要因

(1) Castro, V. L., & Isaacowitz, D. M. (2019). The same with age:

(6) Tackett, J. L., Herzhoff, K., Kushner, S. C., & Rule, N. (2016). Thin slices of child personality: Perceptual, situational, and behavioral contributions. *Journal of Personality and Social Psychology*, *110*, 150-166.

(7) Ambady, N., & Rosenthal, R. (1993). Half a minute: Predicting teacher effectiveness from thin slices of nonverbal behavior and facial attractiveness. *Journal of Personality and Social Psychology*, *64*, 431-441.

3 能力を推測する

(1) Furley, P., & Memmert, D. (2020). The expression of success: Are thin-slices of pre-performance nonverbal behavior prior to throwing darts predictive of performance in professional darts? *Journal of Nonverbal Behavior*.

(2) Furley, P., & Schweizer, G. (2016). In a flash: Thin slice judgment accuracy of leading and trailing in sports. *Journal of Nonverbal Behavior*, *40*, 83-100.

(3) Furley, P., Schnuerch, R., & Gibbons, H. (2016). The winner takes it all: Event-related brain potentials reveal enhanced motivated attention toward athletes' nonverbal signals of leading. *Social Neuroscience*, *12*, 448-457.

(4) Begrich, L., Fauth, B., & Kunter, M. (2020). Who sees the most? Differences in students' and educational research experts' first impressions of classroom instruction. *Social Psychology of Education*, *23*, 673-699.

(5) Walton, K. M., & Ingersoll, B. R. (2016). The utility of thin slice ratings for predicting language growth in children with autism spectrum disorder. *Autism*, *20*, 374-380.

(6) Rule, N. O., Moran, J. M., Freeman, J. B., Gabrieli, J. D. E., Whitfield-Gabrieli, S., & Ambady, N. (2011). Face value: Amygdala response reflects the validity of first impressions. *NeuroImage*, *54*, 734-741.

引用文献

1　第一印象はあなどれない

(1) Ambady, N., & Rosenthal, R. (1993). Half a minute: Predicting teacher effectiveness from thin slices of nonverbal behavior and facial attractiveness. *Journal of Personality and Social Psychology*, *64*, 431-441.

(2) Ambady, N. (2010). The perils of pondering: Intuition and thin slice judgments. *Psychological Inquiry*, *21*, 271-278.

(3) Slepian, M. L., Bogart, K. R., & Ambady, N. (2014). Thin-slice judgments in the clinical context. *Annual Review of Clinical Psychology*, *10*, 131-153.

2　性格を推測する

(1) Lansu, T. A., & van den Berg, Y. H. (2020). Thin-slice judgments of children's social status and behavior. *The Journal of Experimental Education*.

(2) Whalen, D. J., Gilbert, K. E., Jackson, J. J., Barch, D. M., & Luby, J. L. (2020). Using a thin slice coding approach to assess preschool personality dimensions. *Journal of Personality Assessment*.

(3) Brown, J. A., & Bernieri, F. (2017). Trait perception accuracy and acquaintance within groups: Tracking accuracy development. *Personality and Social Psychology Bulletin*, *43*, 716-728.

(4) Carney, D. R., Colvin, C. R., & Hall, J. A. (2007). A thin slice perspective on the accuracy of first impressions. Journal of *Research in Personality*, *41*, 1054-1072.

(5) Beer, A. (2014). Comparative personality judgments: Replication and extension of robust findings in personality perception using an alternative method. *Journal of Personality Assessment*, *96*, 610-618.

著者略歴

串崎真志（くしざき　まさし）

1970年山口県生まれ。大阪大学大学院人間科学研究科博士後期課程修了。博士（人間科学）。2010年度ハワイ大学マノア校宗教学科及びカリフォルニア統合学研究所にて在外研究。現在、関西大学文学部教授。著書に「セルフケア24のアプローチ」「共感する心の科学」「協力する心の科学」「繊細な心の科学」（風間書房）など。

共鳴する心の科学

二〇二一年五月三一日　初版第一刷発行

著者　串崎真志

発行者　風間敬子

発行所　株式会社　風間書房

101-0051　東京都千代田区神田神保町一―三四

電話　〇三―三二九一―五七二九

FAX　〇三―三二九一―五七五七

振替　〇〇一一〇―五―一八五三

印刷　堀江制作・平河工業社

製本　井上製本所

NDC 分類：140

ISBN978-4-7599-2386-5　Printed in Japan